《家庭教育指导手册》编写委员会

主　任　朱之文

副主任　杨银付　孟繁华　从中笑　张东燕

委　员（按姓氏笔画排序）

于会祥　马学阳　王　东　王晓燕　边玉芳　朱　婷
刘长铭　孙云晓　李　烈　杨彩霞　张　爽　张海波
赵　刚　赵忠心　高书国　藺秀云　霍雨佳

《家庭教育指导手册　学校卷》编写组

主　编　孟繁华

副主编　张　爽

编写专家（按姓氏笔画排序）

于会祥　王　东　王　楠　王晓燕　师月月　刘　帆
刘向娟　杨文芝　杨彩霞　张玲玲　科建宇

《家庭教育指导手册　家长卷》编写组

主　编　从中笑

副主编　霍雨佳　马学阳

编写专家（按姓氏笔画排序）

马筱薇　王　萍　王润洁　边玉芳　任金涛　刘建国
苏　元　肖凤秋　邱天敏　张　妮　张海波　果静雅
岳　丽　单志艳　赵　刚　胡　迟　胡谱忠　钟晓琳
贺明菊　崔　岳　谢　娟　藺秀云　霍　亮

《家庭教育指导手册》丛书总目

学校卷
家长卷（学前篇）
家长卷（小学低段篇）
家长卷（小学中高段篇）
家长卷（初中篇）
家长卷（高中篇）

丛书责编　刘立德　韩华球
本册责编　程　军

家庭教育指导手册

家长卷（小学中高段篇）

中国教育学会　组织编写

人民教育出版社
·北京·

图书在版编目（CIP）数据

家庭教育指导手册．家长卷．小学中高段篇 / 中国教育学会组织编写．— 北京：人民教育出版社，2020.11（2023.7重印）

ISBN 978-7-107-34812-9

Ⅰ．①家… Ⅱ．①中… Ⅲ．①小学生－家庭教育－手册 Ⅳ．① G78-62

中国版本图书馆 CIP 数据核字（2020）第 228756 号

家庭教育指导手册　家长卷（小学中高段篇）

出版发行　人民教育出版社
（北京市海淀区中关村南大街 17 号院 1 号楼　邮编：100081）
网　　址　http://www.pep.com.cn
经　　销　全国新华书店
印　　刷　北京盛通印刷股份有限公司
版　　次　2020 年 11 月第 1 版
印　　次　2023 年 7 月第 10 次印刷
开　　本　890 毫米 ×1 240 毫米　1/32
印　　张　6.75
字　　数　108 千字
定　　价　26.00 元

序

办好教育事业，家庭、学校、政府、社会都有责任。家庭教育关系孩子终身发展，关系千家万户幸福，关系社会和谐稳定。党的十八大以来，习近平总书记多次强调，要“注重家庭、注重家教、注重家风”，“家庭是人生的第一所学校，家长是孩子的第一任老师，要给孩子讲好‘人生第一课’，帮助扣好人生第一粒扣子”。总书记关于家庭教育的重要论述，为我们做好家庭教育工作指明了前进方向，提供了根本遵循。

随着社会的发展，家庭面临着社会现实情况的变化，家庭教育出现了一些问题和误区。相当长一段时间以来，不少家庭往往只有一个孩子，于是多个大人呵护着一个孩子；由于年轻父母工作忙，越来越多的老人在帮助带孩子，两代人因育儿理念不一致而产生家庭教育的种种问题；特别是社会竞争带来的学业、考试、升学的压力，使家长产生了焦虑情绪。有些家长缺乏对教育规律的认识，缺乏育儿知识，往往把压力转移到孩子身上，使孩子身心不能健康地发展。有些家长对孩子期望值过高，除了要求孩子在学校中必须获得优异成绩外，还让孩子参加各种校外补习班、培训班，增加了孩子的学业负担和心理压力。有的学校办学与家长缺少沟通，致使家庭教育与学校教育割裂，家长对学校的教育教学工作，特别是教育教学改革不理解、不支持，学校素质教育难以推动。因此，家庭教育非常重要。没有家庭的支持配合，学校的工作就会事倍功半。

现在许多学校成立了家长委员会，有的还建立了家长学校，但缺乏科学的全面的家庭教育的内容。因此，编写《家庭教育指导手册》(以下简称《手册》)，让校长、教师和家长都能了解家庭教育是怎么回事，如何对孩子有效地进行教育，就非常有必要。《手册》把向教育工作者和家长传达正确的教育观念、科学的教育方法，帮助学校和家庭建立起和谐、紧密的沟通联络关系，指导家长与学校共同培养身心健康、积极向上的孩子，作为编写宗旨，这也是值得充分肯定的。

一直以来，教育部高度重视家庭教育工作。特别是近年来，教育部会同相关部门印发了一系列文件，要求各地认真贯彻落实文件要求，积极开展家庭教育指导工作，不断探索家庭教育有效途径和方式，各地也涌现出了很多典型经验和做法，我国家庭教育工作取得了显著进展。2019年，教育部把推进“家校协同育人”攻坚行动列入“奋进之笔”攻坚计划，编写《手册》就是其中的一项重要工作。《手册》总结了当前家庭教育领域的最新理论成果和前沿知识，借鉴了各地家庭教育工作的典型经验和做法，围绕不同学段学生的身心特点、认知规律以及家庭教育需求，介绍了家庭教育知识和方式方法，语言平实，可读性强，易于学校的使用及家长的理解和操作。我认为，《手册》的推广使用，对各地教育部门、中小学、家长开展家庭教育工作将发挥积极的推动作用。

我经常说，无论是学校教育还是家庭教育都要回归教育的本质，那就是要立德树人，让孩子身心健康发展，快乐地成长。我相信，通过各地教育部门、中小学、广大学生家长和社会的共同努力，不断转变教育观念，改善教育方法，我们就一定能够形成家庭教育的良好氛围，促进我们的孩子幸福生活、健康成长！

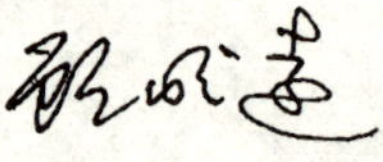

2020年9月5日

（顾明远先生为北京师范大学资深教授、教育部社会科学委员会副主任、国家教育咨询委员会委员、中国教育学会名誉会长）

前言

教育是家庭、学校、政府和社会共同的责任，家庭教育工作开展得如何，关系孩子终身发展，关系千家万户的切身利益，关系到国家和民族的未来。习近平总书记在2015年春节团拜会上讲话指出，要重视家庭建设，注重家庭、注重家教、注重家风；在2018年全国教育大会上，习近平总书记指出，“办好教育事业，家庭、学校、政府、社会都有责任”，“家庭是人生的第一所学校，家长是孩子的第一任老师，要给孩子讲好‘人生第一课’，帮助扣好人生第一粒扣子”，并要求教育、妇联等部门统筹协调社会资源支持服务家庭教育。习近平总书记关于新时代家庭教育的一系列重要论述，是我们做好家庭教育工作的根本遵循。

2019年，党的十九届四中全会审议通过了《中共中央关于坚持和完善中国特色社会主义制度 推进国家治理体系和治理能力现代化若干重大问题的决定》，提出要“构建覆盖城乡的家庭教育指导服务体系”，“注重发挥家庭家教家风在基层社会治理中的重要作用”。

2020年，党的十九届五中全会又明确提出“健全学校家庭社会协同育人机制”。一直以来，教育部等相关职能部门高度重视家庭教育工作，先后印发了《全国妇联教育部中央文明办关于进一步加强家长学校工作的指导意见》《教育部关于加强家庭教育工作的指导意见》《关于指导推进家庭教育的五年规划（2016—2020年）》《全国家庭教育指导大纲（修订）》《家长家庭教育基本行为规范》等一系列文件。在2019年召开的年度全国教育工作会议上，陈宝生部长特别强调：“要加强对家庭教育工作的支持，通过家委会、家长学校、家长课堂、购买服务等形式，形成政府、家庭、学校、社会联动的家庭教育工作体系。”

近年来，家庭教育工作取得许多积极进展，但还存在一些困难和问题。比如，一些家长承担监护职责的能力不够强，没有树立正确的教育观念，教育方法不够科学，不够尊重孩子权利，重智轻德的现象仍然存在，不够注重培养孩子的良好习惯，导致出现亲子关系紧张、孩子压抑、家长焦虑等问题；又如，家长与学校沟通配合不够，学校对家长如何开展家庭教育指导不够，导致家庭教育未能发挥应有的重要作用；再如，社会各界对家庭教育认识也不到位，家庭教育工作水平不高，家庭教育资源相对匮乏，相关体制机制也不够健全，学校教育、社会教育和家庭教育还没有形成良好合力……这些问题都将直接影响育人的质量。因此，高度重视家庭教育工作，切实加强对家庭教育工作的指导，在当前显得尤为重要。

为进一步增强家庭教育指导工作的针对性和有效性，推动各方高度重视家庭教育，2019年年初，教育部将“家校协同育人”攻坚行动列入“奋进之笔”攻坚计划，组织编写《家庭教育指导手册》便是其中一项重要工作。在教育部领导和基础教育司指导统筹下，中国教育学会成立专门工作组，组织众多家庭教育专家开展编写工作。《手册》分为学校卷（1册）和家长卷（5册）。学校卷基于教育部门和学校视角，期望通过学校、教师的努力，更好指导家长开展高质量的家庭教育，与学校教育形成合力，充分发挥学校在家庭教育中的指导作用；家长卷基于家长视角，以问题为导向，坚持遵循教育规律，以青少年儿童发展为本，将科学的教育理念和教育方法落实到家庭教育的实践中，引导家长更好地担负起家庭教育的首要责任。

《手册》家长卷的主要观点如下。

第一，家庭教育要坚持立德树人。落实立德树人根本任务，要体现德育为先、五育并举。习近平总书记强调，我国是中国共产党领导的社会主义国家，这就决定了我们的教育必须把培养社会主义建设者和接班人作为根本任务；要努力构建德智体美劳全面培养的教育体系，家庭教育是其中的重要一环。《手册》倡导广大家长要提高政治站位，引导孩子形成正确的世界观、价值观和人生观，教育引导孩子培育和践行社会主义核心价值观，按照《新时代公民道德建设实施纲要》《新时代爱国主义教育实施纲要》的要求，用良好家教家风涵育道德品行；要注重孩子的兴趣和特长，树立正确学习目标，培养良好学习习惯，创造良好学习环境，既配合学校完成教学任务，又充分发挥自身独特价值；要帮助孩子获得运动技能，满足兴趣爱好，养成运动习惯；要通过阅读、践行文明礼仪、家庭环境装饰、发展艺术特长等方面，培养孩子认识美、爱好美和创造美的能力；要高度重视劳动教育，在家庭生活中引导孩子形成劳动观点，认识劳动价值，激发劳动兴趣，学会劳动技能，养成劳动习惯。

第二，家庭教育要坚持家长主责。家长在家庭教育中负有主体责任，要依法依规履行对子女的监护职责和抚养教育义务。《手册》坚持需求导向，强调家长的言传身教，既注重解决家长经常遇到的实际问题，帮助他们掌握家庭教育理念和方法、提升科学施教的能力，又强调发挥家长的积极性和主观能动性，引导家长注重提升自身素质，以榜样的力量影响儿童，进而促进亲子互动、共同提高。

第三，家庭教育要坚持尊重青少年儿童。家庭教育的基础是对青少年儿童的尊重，主要表现在保护青少年儿童权利、尊重青少年儿童成长规律这两个方面。《手册》以尊重和保护青少年儿童权利为出发点，将“青少年儿童是独立的权利主体”视角贯穿其中，除了学校卷1册外，同时依据学前、小学低段、小学中高段、初中、高中的不同特点编写家长卷5册，按教育内容划分专题，根据青少年儿童成长规律和相应年龄学段的特点选择相应教育内容。

第四，家庭教育要坚持协同育人。家庭、学校、社会是促进儿童健康成长的共同体，这是新时代家庭教育的鲜明特征。家长要认识到家校社协同育人的重要意义，主动参与家校社协同教育。《手册》以问题为导向，选取目前家校社协同育人的突出问题设立专题，具有很强的时代感。这些专题都是现代家长需要了解和掌握的家庭教育重要内容。

《手册》家长卷共分“品德培养”“学习指导”“身心健康”“安全教育”“媒介素养”“性教育”“家庭沟通”“父母成长”等八个专题，本着科学、实用、有效的原则，从不同年龄段孩子的常见问题入手，以解决问题为目标，剖析常见的教育案例，循序渐进地进行家庭教育原理的阐发及家庭教育指导方法的分享，避免了从理论到理论、从概念到概念的枯燥说教，尽量采用鲜活的实例、生动的语言，进行深入浅出的分析，旨在支持和帮助广大家长树立科学的家庭教育观念、学习基础的家庭教育知识、掌握和运用有效的家庭教育手段和方法。

家庭教育，任重道远。愿《手册》成为家长科学育儿的好帮手，让我们共同努力，为家庭教育、学校教育、社会教育合力的形成做出应有的贡献。

本册适于小学三、四、五、六年级儿童家长阅读。

中国教育学会

2020年10月

目录

专题三　身心健康

专题四　安全教育

专题七　家庭沟通

专题八　父母成长

专题一 品德培养

三年级开始，孩子进入小学中高段。从儿童身心发展规律及儿童对学校教育教学的适应来看，小学中高段是孩子生命成长的一个关键期。就品德发展而言，一方面，孩子在适应学校生活的过程中逐渐发展自己的交往方式，并逐渐从已有的行为习惯中固化认知，形成自己对事对人的观念和态度。在小学一、二年级，孩子的很多不良行为还不宜判定为品德问题，可能只是孩子的心理成熟问题或者是孩子对学校环境的适应问题的反映。但是三年级以后，由于习惯性带来的认知、观念逐渐成型，对于孩子仍然出现的一些行为问题，比如撒谎、攀比、攻击他人等，家长需要予以重视，采取恰当的方式进行教育并及时予以纠正。另一方面，随着孩子生活接触面的扩展，他们的社会兴趣获得进一步发展，与他人的互动逐步增多。因此，在小学中高段，家庭德育要有意识地关注孩子，从与家人、老师、同学、朋友和睦相处到积极参与社会公共生活，注重培养孩子爱党爱国爱人民、明礼守法讲美德、勤劳笃行乐奉献、孝亲尊师善待人、诚实守信有担当、勤俭节约护家园等优良品行。

本专题围绕品德培养问题，选取了教育孩子诚信、培养劳动习惯、用好零花钱、关心尊重他人等专题。家庭教育指导部分提出了，家长需要关注和引导孩子社会性兴趣的发展，帮助孩子正确认识和看待日常生活中的社会现象。家长要善于利用日常生活事件培养和教育孩子，帮助孩子在面对复杂、多元的社会生活时，初步形成正确的道德认识，养成高尚的道德情感和良好的道德行为习惯，促进身心健康发展。

一、教育孩子诚信

案　例

小瑜是一名小学三年级学生。有一天，妈妈通过与学校老师的电话沟通得知，之前女儿在学校没交作业，还骗老师说自己忘带作业本，结果在课堂上老师发现她带了作业本，只是没有完成作业。听到这种情况，妈妈感觉自己快要气炸了。她问女儿为什么要骗老师，女儿说来不及做作业，所以就没交。妈妈狠狠地批评了女儿。自从这件事以后，妈妈就开始留意女儿的行为，发现她越来越爱撒谎了，常常不抄作业条回家，却说老师没有布置作业。妈妈看到女儿这个样子，既痛心又失望，心想着孩子怎么会变成这个样子，真不知道要怎样与女儿沟通才好。

解 析

一般来说，孩子在2—3岁时就已经出现撒谎行为，但这时候孩子尚不能区分想象与现实，谎言也往往带有强烈的幻想色彩，并不一定是诚信问题的反映；6—8岁孩子的撒谎行为较为普遍，7岁以后，孩子的撒谎行为逐渐变得稳定。家长应知道，严厉的教育可能会导致孩子撒谎，因为孩子知道做错了事会受到责罚，如果家长过于严厉，孩子产生恐惧心理，潜意识里要逃避责罚，就会选择向家长撒谎。心理学的实验研究发现，当现实情境构成了足够的威胁和压力时，几乎每个孩子都会撒谎。

发现孩子撒谎，家长首先要找到背后的原因。和案例中的小瑜一样，很多孩子选择撒谎是他们觉得作业没做完会被老师批评、被家长责骂，因害怕而撒谎。在这个案例中，还应关注到一点，孩子的撒谎也与学业压力的适应有关。三年级以后，随着课业难度逐渐增大以及孩子学习兴趣的分化，很多孩子都会面临学业适应问题。在案例中，妈妈对待小瑜更多是通过施压的方式，将孩子推向自己的对立面，使得孩子内心更加恐惧。发现孩子撒谎，很多家长会感到生气，但如果家长能进一步理解孩子成长的身心特点，站在孩子的角度思考原因，就能更加妥善地处理。

家教指导

在小学中高段，孩子对诚信的理解以及道德的认识尚不全面，有时会出现撒谎行为。这时，家长需要妥善地处理和引导，纠正孩子品德发展上出现的偏差。发现孩子说谎时，家长首先要给孩子说话的机会，表现出愿意听孩子解释的态度并给孩子解释的机会。同时，家长应以身作则，做孩子的榜样。家长可参考以下几点建议。

1. 积极沟通，科学解决问题

孩子撒谎有着复杂的内部动机，简单粗暴的施压和责罚不是解决问题的正确途径，保持平和的心态、采取科学的沟通方式和教育方法才是问题解决之道。父母一定要认识到，孩子在成长过程中有撒谎行为属于正常现象，不要过分苛责，不要大惊小怪，要积极创造更多的沟通机会，弄清楚孩子说谎行为背后的原因，发现孩子隐藏的内心需求，再从根本上纠正孩子的撒谎行为。

2. 诺不轻许，言既出则必行

在家庭生活中，家长不应向孩子随意许诺，如果家长许诺的时候没有认真考虑事后兑现的问题，甚至认为自己不过是和孩子“开玩笑”，在孩子眼里，诺言就变成谎言。因此，一旦向孩子许诺，家长都应当尽力兑现。古有曾子杀猪的故事，曾子将诚信视为做人的根本，看重父母的榜样作用，为了履行妻子对孩子的一句承诺，宁愿付出高昂的代价。如果已有的承诺确实难以兑现，家长应向孩子郑重道歉。

3. 诚实为人，做孩子好榜样

家长要诚实为人，才能做好孩子的榜样。一位家长的做法令人尊敬。一家人在餐厅用晚餐，妈妈结账时发现服务员漏算了后来补点的菜品，便主动提醒服务员再次核实。服务员再次计算账单后发现确实漏算了补点的菜品，感激地说：“谢谢您！幸亏您及时发现。”在回家的路上，孩子问妈妈：“妈妈，您干吗还要提醒那个服务员账单漏算了呢？”妈妈认真地说出了八个字：“理所应当，问心无愧。”她告诫孩子这是“理所应当”，自己只是要做到“问心无愧”而已。她用自己的行为给孩子上了一堂很棒的诚信课。

二、培养劳动习惯

案 例

这学期，东东进入四年级了。某个周五东东兴奋地告诉妈妈：“今天道德与法治课老师布置了一个作业，让我们每天在家进行家务劳动15分钟，然后请家长在表格上签字，要坚持做三周呢！”妈妈一听，皱着眉头说：“你们现在的主要任务是学习，哪有时间和精力做这些？”东东着急地说：“这是作业，老师说要检查的！”到了晚上9点，东东完成两个辅导班的学习回到家，心里还想着家务劳动的作业，但是妈妈说：“现在没有家务了，今天就算你做了。”

一周下来，妈妈都说“现在没有家务了”，但妈妈也在孩子的劳动作业表上签字了。之后，班里组织了一次班会，让同学们分享自己做家务的过程，并发表劳动感言，东东憋红了脸，不知道该讲些什么。

解 析

20世纪末，联合国教科文组织就提出了终身教育的理念，并强调教育的四个支柱："学会认知""学会做事""学会共同生活""学会生存"。从中可以知道，书本知识的学习只是"学习认知"的一部分，孩子的学习还应该在活动中、在实践中展开。家务劳动的意识和能力是孩子走向独立生活的重要前提。因此，在家庭生活中，应该尽量让孩子参与家务劳动，家长须从小培养孩子参与家务劳动的习惯。在这个案例中，东东的妈妈把东东的时间安排得很满，孩子的生活除了功课学习，似乎没有更多的内容，同时，她错误地认为做家务是浪费孩子的时间和精力，认为孩子的学习只涉及书本知识的学习。她理解的孩子的学习和成长比较狭隘，这种观念不利于孩子的健康成长，也不符合时代对于未来人才的要求。

家教指导

经验表明，要让孩子干好一次家务劳动不难，难的是让家务劳动融入孩子的日常生活，从而培养孩子的劳动意识、劳动能力和劳动习惯。

1. 合理安排孩子的家务劳动时间

家长需要综合考虑劳动难度、孩子对家务的熟练程度、孩子的劳动技能水平等多方面因素，安排孩子从事家务劳动的时间。在大多数家庭，家长更在意孩子功课学习的时间。其实，劳动并不必然影响和耽误孩子的功课学习，关键是看家庭生活、学习生活如何安排。一般来说，家务劳动的安排上，最好父母与孩子能够同步配合进行。比如，父母做饭、孩子准备碗筷，父母洗碗、孩子扫地。一来父母与孩子相互配合，容易使孩子产生对家务劳动的共鸣，二来也有利于增加家人沟通交流的时间，有助于增进家庭感情。

2. 合理安排孩子的家务劳动内容

一是注意劳动内容的价值与意义。培养小学中高段的孩子对劳动的兴趣，需要注意在劳动意义和价值方面进行引导，即要使孩子感受到劳动本身的价值和意义。比如，家务劳动是家庭生活所必需的活动，家务劳动能充分展示自己的体力或智力，从家务劳动中能学到有用的技能等。

二是注意劳动内容的难度。从儿童的劳动兴趣与能力特点来看，早在进入小学之前，一些孩子就可以做些轻巧的劳动，比如浇花、扫地等。然而，到了三年级，一些孩子仍然只会做这些，一些孩子则已经学会自己做早餐了。在小学中高段，家长可以引导孩子参与有一定难度的家务劳动，比如，烹饪、组装家具等，如果有可能，尽量让孩子独立去做。总之，家长可以根据孩子的年龄特征和个性特点，适当地增加劳动难度，丰富劳动生活。

3. 给予孩子自主选择家务劳动项目的权利

家长应当给孩子自主选择家务劳动项目的权利，让孩子自己主动选择做哪项家务。孩子对家务劳动的选择，并不一定要局限于某一项或某一类，可以允许孩子适当变换劳动内容。

三、用好零花钱

案例

亮亮是一名小学三年级学生，之前会时不时跟父母要钱，只要亮亮要钱父母就给他，具体如何使用这个钱，父母并不怎么约束他。进入三年级之后，班主任在开家长会时，建议家长让孩子多参与一些家务劳动。回家后，妈妈要亮亮适当分担一点家务，可是亮亮很抵触，干活也很马虎。于是，爸爸妈妈尝试用奖励的方式来刺激亮亮做家务，刷一个碗5毛钱，刷一次锅1元钱，擦餐桌、扫地一次1元……每次干活，亮亮都获得一次赚取零花钱的机会，干得特别起劲儿。可是后来每次要做事之前，他都会先来跟爸爸妈妈谈条件，有时甚至要求涨价，爸爸妈妈意识到这样也有问题了，可又不知道该怎么办。

解析

在小学中高段，孩子的零花钱问题是家长难以回避的话题，把零花钱作为奖励是否合适呢？首先，孩子的日常生活需要一定的零花钱，作为一种日常性的经济支持，零花钱给予了孩子参与社会经济生活的机会，有助于孩子形成健康的金钱观。其次，零花钱通常金额较小，这意味着孩子不得不处理有限的金钱与欲望或需要之间的矛盾，这也是孩子在将来的社会经济生活中必然会遇到的矛盾，孩子正是通过管理自己的零花钱来认识经济关系，管理和使用零花钱的过程就是学习和管理自我的过程。

案例中，只要孩子要钱就给，这是一种无条件给予零花钱的方式。后来，由于父母想激励孩子参与家务劳动，零花钱变成了一种奖励，即通过一定的家务劳动得到相应的金额。当零花钱变成一种奖励时，孩子就开始和父母谈条件，出现主动要钱作为奖励的行为。当孩子出现把钱当作一种交换条件的习惯性思维时，这种方式应当立即停止。这时，父母应该和孩子重新讨论零花钱的用途和意义，纠正孩子对金钱的认识。

家教指导

基于上面的案例解析可以发现，对于孩子的零花钱问题不能太随意，怎么给、给多少，都是家庭教育过程中需要关注的。

1. 根据孩子的实际需要定期给零花钱

定期给孩子零花钱有助于提高孩子对零花钱的管理意识。同时，家长需要关心孩子日常的经济生活，用日常观察的方式了解孩子的消费情况，考虑孩子的实际需要，以孩子满足日常所需为宜。

2. 不宜将零花钱作为劳动报酬或奖励

在小学阶段，家长给予孩子零花钱最好是无条件的，因为，此时培养孩子对家庭、对经济生活的安全感更为重要。以零花钱作为报酬这种方式，需要相适应的文化氛围。比如，美国家庭经常以劳动计酬或奖励当作孩子零花钱，这与美国注重独立的家庭、社会文化相适应，但这样的处理方式不太适合中国的文化传统。

3. 适当给予孩子支配零花钱的自主权

随着孩子年龄的增长，家长应逐渐留给孩子更多自主支配零花钱的空间。对孩子而言，拥有支配零花钱的自主权，才能更好地形成对经济社会的认知。同时，在自主面对如何管理和使用零花钱时，孩子才可能真正思考经济问题，获得经济意识的启蒙。生活中，一些家长往往监管过细。比如，有的家长明确要求孩子记账，记录日常消费，这种情况下，孩子会有较强的受控感。如果换一种方式，家长只是给孩子提出记账的建议，并告诉孩子这样做的好处，让孩子自主决定，当孩子选择尝试时，鼓励孩子自己制作表格、自主管理，而家长只提供必要的建议和帮助，孩子就有了较大的自由空间和自主权。

4. 积极引导孩子树立正确的金钱观、消费观

现实中处处充满了消费诱惑，孩子的自我控制能力本来就弱，在对待金钱问题上孩子有可能会不知不觉犯了错。例如，花钱毫无节制、盲目攀比、摆阔，甚至认为金钱就是一切。对此，家长在给孩子零花钱的同时，也需要给予相应的价值引导，让孩子树立正确的金钱观、消费观。

四、警惕攀比行为

案 例

小静是一名三年级学生。有一天，她去好朋友琪琪家里玩，看到琪琪有一个特别好看的玩具，打心眼儿里喜欢，小静在心里悄悄地说："我也一定要爸妈给我买一个。"回到家后，她便跟爸爸妈妈说："我看到琪琪家里有一个特别好看的玩具，我也想要一个。"妈妈一听便说："你已经有一个了！""我的这个没有琪琪家的那个漂亮，您就再给我买一个吧！"小静向妈妈撒娇，这时爸爸表态了，他不同意，并且严肃地对孩子说："不要在这些方面跟别人攀比，别人有的，难道你都想有吗？要比也得比品德、比学习、比能力。记住了吗？"小静听着爸爸的话，觉得爸爸说得有道理，点了点头。爸爸的话深深地印刻在了小静的脑海里，时时刻刻提醒着她不要盲目攀比。

解 析

心理学研究发现，一个人自我概念的产生会受到社会经验的影响，其中一个重要方面就是社会比较，人们通过社会比较来形成对自己的判断。从人格心理学来看，如果环境的力量造成了孩子的自卑感、脆弱感和彷徨感，孩子会想办法摆脱这种状态，以获得一种平等的感觉。案例中，如果小静也有一个同样的玩具，那么她就会感到平等。其实，在一定条件下，孩子追求平等的心理是好的，但如果不考虑自己的具体情况和条件盲目攀比，家长就应该及时提醒和纠正。

案例中，爸爸不同意给孩子买玩具，明确表达不认同孩子在物质方面与他人去比，并纠正了孩子与他人比较的关注点，让孩子的注意力从关注外在的物质的比较转向内在品质的比较，提醒孩子要在学习和品德方面不断追求进步，对孩子进行了有价值立场、有说服力的教导，使孩子沿着一个有益的方向发展。

家教指导

不能否认，孩子都有向美、向好的愿望，这是孩子追求进步的内在动力。但由于他们社会经验欠缺，自我调节能力不足，还没有形成很好的价值认知，容易过分夸大自身的需要，产生虚荣心。

1. 警惕孩子的盲目攀比行为

小学中高段的一些孩子，攀比行为愈加明显，家长一定要警惕。比如，孩子过度关注物质比较，看到同学买了新书包、新文具、新衣服等，不考虑自己是否需要也想要买，或者在意谁的零花钱更多、谁家的汽车高档、谁家的居住条件更好之类；孩子过度关注身份比较，当了班干部以此来炫耀，或者在意谁的父母当的官大、挣的钱多之类；等等。如果孩子出现这些行为，家长首先需反思自己在家庭生活中是否有意无意地表达过类似观点，从自身做起，同时引导孩子树立正确的、远大的目标和追求。

2. 正确地引导孩子转移比较的关注点

一是可以从对应比较转向错位比较。比如，孩子如果在意自己没有某同学长得漂亮，那么，父母可以引导孩子更全面地看自己，寻找自己的长处，使孩子获得平等的心理。二是可以从横向比较转向纵向比较，即让孩子从与他人比较转向与自己比较，帮助孩子获得自我认同。三是可以从负面关注点转向正面关注点。就像案例中爸爸的做法一样，让孩子在与他人的比较中，从对物质层面的关注转向对人的内在品质的关注。

3. 言传身教传递正确价值观

有时候，孩子的攀比行为是从家长的日常言语、行事做派中有意或无意习得的。比如，有的家长在日常聊天中，可能无意间会与他人做比较，次数多了，孩子就会耳濡目染。因此，要防止孩子的攀比行为，家长在日常生活中就要做到谨言慎行，意识到自己的言行会对孩子价值观产生重要影响。

五、关心尊重他人

案 例

小明是小学四年级的学生。有一次，妈妈带着小明参加了一个出国游的旅行团。行程中的前两天，大家集体吃饭的时候，妈妈把餐桌上小明喜欢吃的菜都挪到他的面前，全然不顾同行其他人员吃惊的表情、异样的眼光；饭后集体乘车，她拉着小明冲到同行队伍的最前面争先上车，抢占前排座位；到了观光景点，照相时为了拍出“效果”，她让小明攀爬雕像……在随后的几天中，大家渐渐与这对母子保持距离，特别是集体吃饭的时候，他们俩身边的座位总是空的。一直到旅行结束准备回国时，小明突然问妈妈：“为什么大家都不理我们？”妈妈却对小明说：“我们也不要理他们，以后谁认识谁啊！”

解 析

在案例中，小明已经从其他人的态度中感受到自己和妈妈似乎不太受欢迎，最后终于忍不住问出来。遗憾的是，妈妈不以为然的态度，误导了孩子。案例中的妈妈只满足了自己的需要，却没顾及他人的感受。从妈妈对小明问题的回应来看，她之所以这样毫无顾忌，是因为她认为虽然大家同在一个旅行团，但彼此之间并不认识，之后的生活可能也不会有交集，对她而言，这个旅行团是一个陌生人的圈子。然而，这位妈妈忽略了，每个人都有与他人共同生活的需要，都有参与社会公共生活的需要，而公共生活对人们来说，就是一个陌生人圈。比如，上下班坐地铁，大家同在一个车厢，虽然彼此不认识，却也可能相互影响。从熟人圈走进陌生人圈，是孩子成长的必经之路，因此，他们不仅需要学习如何与亲朋好友交往，而且需要学习如何与陌生人交往。

家教指导

让孩子成为有教养的人，更好地与他人共同生活，是每一位家长为己、为人、为社会应尽的职责。对小学中高段的孩子来说，发展利他的动机与行为并非难事，关键是家长要充分发挥榜样和示范作用，以及给予孩子适时、必要的引导。心中有他人，教养自然就有了。

1. 教育孩子学会与他人共同生活

学会共同生活，是社会发展对每个公民的期待与要求。联合国教科文组织在20世纪末倡导面向未来社会的教育要使人学会与他人共同生活，其中强调要增进对他人的了解和对相互依存问题的认识等。我国2016年发布的《中国学生发展核心素养》也强调，要使学生能处理好自我与社会的关系，养成现代公民所必需遵守和履行的道德准则和行为规范，增强社会责任感。

2. 引导孩子换位思考

在日常生活中，家长可以和孩子多聊聊学校生活，通过让孩子诉说与同学的交往经历及对同学的看法，帮助孩子理解其他同学。此外，孩子在学校里也会有相关内容的学习，家长可以多关注学校课程（特别是“道德与法治”课程）的相应内容，在家庭生活中带着孩子进一步讨论和学习。

3. 促进孩子利他性的发展

从孩子个体的道德发展来看，小学中高段是孩子利他性发展的一个重要时期。心理学研究认为，在儿童中期到青少年期，孩子的自我中心倾向越来越小，角色采纳技能开始形成，开始重视他人的合理需要，为亲社会行为寻找恰当的理由。在这一时期，孩子开始认为大多数人认可的好行为就可能是“好的”，应该去做。这个年龄段的孩子开始能把自己的移情反应与他人的情感联系起来，能够设身处地地推断他人的心理感受，理解他人的处境。在这个阶段，孩子通过与他人相处逐渐形成自我认识，进行自我评价。换言之，孩子能够意识到自己的行为是否被他人接受，也对自己被他人接受的程度很敏感，并且从这些方面来认识自己是一个怎样的人。

六、培养感恩的心

案 例

婷婷是一名小学五年级学生。有一天，妈妈买了一盒荔枝，婷婷吃了几颗觉得不甜，便想把一整盒荔枝都扔掉，爸爸并没有直接阻止，而是问女儿：“想不想知道这些荔枝是从哪儿来的？怎么来的？”婷婷一个劲儿地点头，爸爸笑着说：“其实我也不知道，不过我们可以一起来调查一下。”爸爸、妈妈和婷婷搜集并了解所买荔枝的品种、产地、货运信息，一起制作了一幅荔枝“漂游”

图，女儿不禁感叹道："这荔枝可真不容易！"爸爸见女儿有所感，便说道："是啊，从果农、包装工人、物流师傅、下货工人、超市分拣员到你妈妈买了拎回家，你想一想要吃到一颗荔枝，需要多少人的辛苦和帮助？"爸爸的话引起了婷婷的思考，婷婷主动把没有吃完的荔枝收捡到冰箱里，她对爸爸妈妈说："看到这些荔枝，心里就很感动，我们明天还可以吃。"

解 析

感恩教育在当前非常急迫，但一味说理的做法也值得商榷。就这个案例而言，婷婷的爸爸对孩子的表现很敏感，但他没有直接批评婷婷，而是帮助孩子认识荔枝的来源，希望女儿意识到能吃到一颗荔枝并不那么容易，有很多人为此付出了辛劳。如果爸爸直接批评婷婷，可能会引起孩子的对抗，因为孩子说的"不甜""不好吃"是她自己认定的事实，强迫孩子去珍视一个自己不喜欢的事物，是简单粗暴而且收效甚微的。这位爸爸的做法，是吸引孩子自己去探索，并让孩子在探索中修正和扩展自己的认识。带着孩子一起探究，既收获了家庭的温情，又引导了孩子的观念，不得不说，这真是一位温暖而智慧的爸爸。

家教指导

研究发现，感恩的人有更多的积极情绪，有更多的满足、幸福、希望，更少的妒忌、抑郁等消极情绪，而且身体不适症状更少；在与他人合作中，懂得感恩的人会感觉到更少的冲突，与人相处更和谐。

1. 帮助孩子确立感恩观念

由于一直被家人照顾，有的孩子可能认为，自己生活中得到的一切都是理所应当。家长要适时澄清、纠正这种观点，让孩子知道，幸福生活的背后有很多人在付出，要对别人的付出心怀感激。

2. 帮助孩子形成感恩意识

家长可以帮助孩子回想自己得到过的帮助，比如，父母的照顾、老师的指导、社会上工作人员的服务等，让孩子知道，在家中，要知道父母的不易；在学校，要懂得老师的辛苦；在社会上，要感谢陌生人对自己的帮助。孩子慢慢就会知道，父母和别人对自己的付出并非一件轻而易举的事情，从而形成了感恩意识。另外，家长还可以陪孩子一起看影视作品、新闻、故事等，通过具体情境触发他们感恩的情感。

3. 帮助孩子实施感恩行动

模仿和强化是孩子品德养成的重要途径，因此家长的榜样示范作用尤为重要。家长可以经常在孩子面前表达自己对他人的感恩之情。比如，在家里感谢配偶；在社区，对保安、保洁人员表示尊重和感谢等。同时，家长还可以鼓励孩子用行动向他人表示感恩。比如，亲手为老师制作教师节祝福卡，表达对老师的感谢之情等。

七、关心热爱家乡

案 例

小源是一名小学五年级学生。妈妈是一名市容工作者，自己家乡城市的花花草草都离不开她和同事们的辛劳和付出。市容整治工作常态化以后，妈妈就经常加班，不过只要她有空，都会带小源到附近的公园里转一转，一边转一边自豪地说："小源，你知道吗，咱们区的公园保有量可在市内数一数二呢！"妈妈说："别看这些公园面积不大，但汇聚了许多人的大量心血。市容整治之前，许多地方的环境又脏又乱，违章建筑还很多，经过全市各部门的大力配合，将违建全部拆除，建成了这些公园，这里的面貌焕然一新。除了鸟语花香的自然气息，还布置了许多弘扬正能量的展板，既可以休闲娱乐，也可以陶冶情操，真好！”小源看着妈妈炯炯有神的眼睛，对妈妈的尊敬油然而生，更为自己家乡旧貌换新颜的变化感到自豪。

解 析

现在很多小学中高年级的孩子，热衷于外出游玩，并且在出行前都会积极了解自己想要去的地方。但是，他们中不少人却对自己生于斯长于斯的家乡了解甚少。更可悲的是，有些孩子对于自己生长的地方缺少热爱之情，也不想关心和了解自己的家乡。目前，学校教育已经意识到这些问题，在课程上增加了相应的内容，家长也要引起重视，在日常生活中不断引导孩子关注和了解自己的家乡。家乡文化是养育人的精神之水，涵养人的文化之源。青少年只有深入了解自己的家乡，才能真正热爱自己的家乡，热爱自己的祖国。

家教指导

培养孩子对家乡的情感，是在为孩子的人生积累下一笔重要的财富。

1. 通过多种途径丰富孩子对家乡的认识

可以从家乡的语言（方言）、美食、服饰、传说、名胜、名人、历史变迁等开始，让孩子尽可能多地了解家乡。家长可以带着孩子一起去探究，比如，带着孩子去感受家乡的山水之美，并用自己擅长的方式记录和表达；又比如，带孩子了解当地一些著名人物的故事、一些特色产品的由来与发展等。此外，还可以让孩子了解家庭与家乡的关系，了解出生地与父母的家乡，以及家庭迁徙的经历等。

2. 在生活中积极引导孩子关心家乡发展

家长可以从日常时事入手，和孩子一起探讨重要的新闻和信息。比如，家乡的城市规划与发展是怎样的，建立了哪些新区，有哪些重要的工程正在进行，等等。家长还可以有意识地引导孩子了解家乡发展与国家建设的密切关系，在感受家乡变化的过程中了解国家发展方向。

3. 鼓励孩子力所能及地参与家乡的建设

家长可以鼓励孩子参与社区志愿活动，让孩子通过做力所能及的事参与家乡的建设，使他们的心和家乡前途联系起来，帮助孩子树立建设家乡的理想，并为家乡的发展贡献自己的力量和智慧。

专题二
学习指导

小学中高段是孩子认知能力、思维能力和学习能力快速发展的时期。在能力发展的过程中，由于学习习惯和发展水平的差异，有的孩子进步得快，有的孩子进步得慢，孩子之间的差距逐渐明显。孩子若此时得到较好的发展，将为未来的发展奠定坚实的基础；反之，有可能在学业和其他发展上慢慢落后于其他孩子，出现成绩分化的现象。

家长需要根据这个阶段孩子的发展规律帮助孩子更好地学习。第一，要帮助孩子形成勤奋、努力学习的品质。随着年级的升高，孩子面临的学习挑战也逐渐增大。如果儿童在学习上和其他活动中经常受到家长的督促和鼓励，就会变得越来越勤奋。第二，培养孩子的内部学习动机，从“要我学”转变为“我要学”。第三，关注孩子的变化，避免出现学习分化。第四，培养孩子的阅读习惯，扩大阅读量和阅读面。第五，培养孩子的合作意识，使他们学会和同伴一起完成学习任务。

本专题围绕学习指导，选取了培养阅读习惯、学会管理时间、同伴合作学习、高效完成作业、应对成绩分化现象、增加学习乐趣、合理使用奖惩等主题，指导家长正确对待儿童的学习成绩分化问题，帮助儿童养成良好的阅读习惯和学习习惯。

一、培养阅读习惯

案 例

小爱是一名小学四年级学生。在最近一次家长会上，班主任特地嘱咐家长要多让孩子阅读一些好书，养成良好的阅读习惯，这样对孩子的个人成长和学习提升都很有帮助。家长会结束后，小爱的妈妈就和小新的妈妈聊天，说孩子就是不爱看书，家里给她买了很多课外书，例如，《作文素材》《美文美句》等，她都没翻过几页，还总是说看书太无聊了。小新的妈妈对孩子的阅读习惯培养也很苦恼。家长究竟怎么样才能帮助孩子养成良好的阅读习惯呢?

解 析

从小学四年级开始，孩子的阅读能力明显提高，知识量增加，已经能自主阅读很多书籍了，已经具备了独立阅读的能力。此时，阅读的主要目标是能够联系上下文理解词句的意思、初步把握文章内容，体会作者表达的思想感情等。尤其是，升入小学高年级后，孩子的阅读能力实现了飞跃，已经能够从“学会阅读”过渡到“从阅读中学习”。这一阶段，他们能够比较充分地理解文中内容观点。此时，阅读的主要目标就是培养孩子理解、欣赏和评论文章的能力，帮助孩子养成主动阅读、广泛阅读和深度阅读的习惯。

现在的家长都知道“读书是好事”，但对读什么书、怎么读，家长有不同的理解。有的家长和案例中的小爱妈一样，觉得孩子既然已经上学了，读书肯定是要为提高学习成绩服务的，那就多给孩子买些作文指导图书、教辅读物和练习册，既满足了孩子阅读的需求，又有益于学习成绩的提高，两全其美。也有很多家长在孩子阅读之后，会追加很多“任务”，例如“写一篇读后感”“把好词好句、优美段落抄写在本子上”……但无论如何，要让孩子养成好的阅读习惯，就要先了解处在这个年龄阶段的孩子的阅读习惯和阅读喜好。

家教指导

1. 让孩子静心享受阅读乐趣

家长要明确一点，孩子能安静专心地看书本身就是一件好事。不少家长在孩子阅读时布置很多无趣的任务，这些任务会让孩子觉得阅读是一件辛苦事，或是一项硬性规定。因此，建议家长不要在孩子的阅读之路上设置太多“关卡”，让孩子轻轻松松地阅读，这样他们才可能发自内心地享受阅读，爱上了阅读之后，阅读的习惯也就自然形成了。

2. 与孩子协商制订读书计划

跟孩子协商并制订家庭阅读计划，可以督促孩子按时完成阅读，避免出现很长时间都读不完一本书的情况。制订家庭阅读计划的时候，家长一定要根据孩子自身的情况，跟孩子一起制订他同意且切实可行的计划。例如，以一个月或者两个月为期限，跟孩子一起选择读本并制作计划表——每天读多少，一个月读多少，然后按照阅读计划进行阅读。这样做，可以督促孩子按照计划自主完成阅读，避免拖拉的现象。

3. 和孩子共同营造阅读氛围

家庭的阅读氛围对孩子阅读兴趣、阅读习惯和阅读能力的发展有重要影响。营造阅读氛围的重要一步就是在家里摆放适量的图书。同时，可以为孩子创设温馨的阅读环境。例如，添置书架和阅读灯、共同布置图书角，让孩子随时随地都能看书。同时，在阅读之后，家长可以经常和孩子交流想法或感受，让阅读融入家庭生活。

二、学会管理时间

案　例

小华是一名四年级的小学生，进入四年级后，要完成的任务也越来越多、越来越复杂。但小华的妈妈发现，小华的时间意识并没有随着任务的增多而增强。例如，早上需要家长三番五次地催促才磨磨蹭蹭地起床；平时的作业做得很慢；一到周末总想打游戏看电视，作业都堆在周日下午才做……妈妈十分担心，小华不能合理管理自己的生活和学习时间，进入初中之后会面对更大的挑战。

解 析

时间对每个人都是公平的，一天都是24个小时，可为什么有的人一生成就斐然，有些人无所事事，这跟每个人的时间利用方式有很大的关系。可以看出，案例中的小华在生活和学习中都存在时间观念不强、时间管理方法不当的问题。小学生的时间管理意识比较淡薄，很难自发地形成良好的时间管理习惯，因此，在时间管理这个课题上需要家长及时引导。任何年龄阶段的孩子，都需要有一套适合自己的时间管理方法，有效地管理时间会起到事半功倍的效果。

家教指导

家长们可以通过以下方式，帮助孩子学会充分利用时间，合理安排好自己的生活和学习。

1. 帮助孩子养成规律的作息习惯

俗话说，早睡早起身体好。良好的作息习惯对孩子的身心健康发展至关重要。家长需要帮助孩子养成规律的作息习惯，起床、饮食、学习、运动、娱乐等活动都要合理安排。比如，我们可以通过合理安排，让孩子在某些固定的时间段进行以上活动，这样有利于孩子良好作息习惯的养成。

2. 帮助孩子建立守时的良好习惯

除了教会孩子管理好自己的时间外，还需教导孩子在人际交往中守时的重要性。如果口头上的教导无法发挥作用，家长可以采用签订契约的方式，采取一些奖惩措施，帮助孩子养成守时的好习惯。例如，跟孩子约定好早上八点出门游玩，如果他磨磨蹭蹭不按时起床，就取消周末的游玩活动。

3. 帮助孩子合理安排生活和学习

在孩子面临多项任务的时候，要及时指导孩子按照任务的轻重缓急和难易程度来安排顺序，一般宜从较为紧急、重要和较为困难的任务做起。家长可以指导孩子每天把自己要做的事情按照重要程度和紧迫程度排列顺序：第一类是重要而紧急的事情，如准备考试、完成隔天要交的作业，这类任务要尽快着手完成；第二类是重要但不紧急的事情，如练习英语口语等，这类任务需要集中大量时间长期坚持做；第三类是紧迫但不重要的琐事，这类任务可以等前两类任务完成后再做；第四类是既不紧急也不重要的事情，这类任务可以等有空闲的时候选择性地完成即可。

三、同伴合作学习

案 例

小美是一名小学四年级学生。这一天，她放学回家后一直闷闷不乐。原来，在数学课下课之后，小美因为没听懂老师讲的最后一道题，就去找班上数学成绩最好的小明请教。但是小明不情愿地说："这道题又不是很难，你自己想想就明白了。"于是小美就去找小刚解答，心里想小刚得了这个月的学习之星，应该能够帮自己解决这个问题吧。小美走到小刚身边，向他请教这道题，小刚却急忙把正在做的课外练习册收进抽屉，说这道题他也没怎么听懂……而小美看到小刚铺在桌上的数学卷上，最后一题明明是打了钩的。小美英语成绩很好，平时其他同学经常来问一些英语问题，自己都会积极解答，但是为什么小明和小刚都不愿意给自己讲这道数学题呢？小美很失落。

解 析

同伴合作学习是指和自己知识水平差距较小的同学或者朋友形成团体，通过同伴之间的帮助来获得知识和技能的学习活动。在这个案例中，小明觉得学习是自己的事，自己学就好了，遇到有人来问问题，也觉得是在浪费时间，不愿意帮同学解答。小刚可能担心同学在学习上超过自己，拒绝和小美一起探讨题目，更不愿意和其他人分享学习资料，但小美就很愿意帮助同学。

同伴合作学习是一种适合小学中高段学生的重要学习方式。首先，同伴学习的氛围容易让孩子感到更多的归属感，这种被接纳、被重视的情感有助于孩子提高学习兴趣。其次，同伴学习中的互动有利于调动各个成员的学习积极性。此外，同伴学习的活动提供了资源共享的平台，同伴学习中成员共享资源，使得团体利益最大化。最后，每个孩子的优势各异，在同伴学习过程中，成员间可以学习其他人身上的闪光点，发现和弥补自己的不足。

家教指导

家长可以通过以下三种方法帮助孩子养成同伴合作学习的习惯。

1. 帮助孩子形成合作共进的意识

尽管同伴合作学习是一种双赢的学习方法，但部分孩子仍然会出现和小刚类似的嫉妒心理，觉得自己和同学就是竞争关系，不愿意互相帮助，这样不仅不利于学习，还有损孩子的社会性发展。所以，家长要向孩子强调学习中的合作意识，鼓励孩子在同伴遇到学习问题时，要热心帮助同学。让孩子知道，在学习上互相合作不仅有利于双方成绩的提高，还能收获一份真挚的友谊。

2. 鼓励孩子给同学讲解所学所得

充当小老师给其他同学讲解所学所得是同伴学习中的一个重要方法。家长可以向孩子提议，定期和几个同学聚在一起，轮流扮演小老师，将在学校所学的内容给大家讲一遍，遇到不明白的问题就可以请其他小朋友帮忙讲解。根据学习金字塔理论，孩子将所学的知识讲授给他人时学习效果最好。因此，家长应多鼓励孩子将学到的知识和技能讲给需要的人听，讲解的过程本身就是一个习得和强化的过程。如果别人能听明白，说明自己真正理解了。如果别人听不懂或者自己讲着讲着思绪就乱了，讲解人在此过程中就可以发现自己理解上的不足之处。家长也可以在一旁给予孩子充足的关注和回应，提高孩子学习的成就感。

3. 鼓励孩子组建或加入学习小组

有组织、有计划的学习小组是孩子进行同伴学习的重要载体。为了保证学习小组的有效性，要调动每一个小组成员参与的积极性，在组建学习小组时要注意成员人数。可以两人组队，也可以多人。如果多人组队，将人数尽量控制在4—8人为宜，成员之间在学习水平和能力上差距尽量不要太大。学习小组其实就相当于同伴学习团体，积极参与小组讨论是同伴学习的一种途径，为孩子提供了锻炼表达能力的机会。加入或建立一个小的学习小组后，孩子可以和同学分享自己的学习感悟，和同学相互交流和沟通，加深对知识的理解。

四、高效完成作业

案例

小冰是一名小学五年级学生。有一天，小冰从学校回到家里，父母都还没下班，只有爷爷奶奶在家里。吃完晚饭，小冰就坐在沙发上打开电视，爷爷让小冰去写作业，小冰不耐烦地回答："作业我一下就能写完，让我先看会儿电视，放松一下。"妈妈回到家里后，也督促小冰回到房间写作业。吃完晚饭，妈妈想看一下孩子作业完成情况，结果一推门就看到小冰匆忙把数学练习本盖到漫画书上，作业本上才写了几道题而已。在妈妈不断催促之下，小冰老实做了5分钟作业，之后就开始抓耳挠腮，又是戳橡皮又是咬铅笔，最后慢吞吞地才把作业写完了。对于小冰写作业这个磨蹭劲儿，妈妈非常苦恼。

解 析

写作业磨蹭是小学阶段孩子普遍存在的现象，但是磨蹭的原因各有不同。家长只有先了解孩子磨蹭背后的原因，才能对磨蹭问题有更好的认识和解决方法。孩子做作业磨蹭有几个常见原因：一是注意力无法集中。有些孩子写作业时，注意力很难集中，例如，玩橡皮、咬铅笔或抠手指；有些家长的行为也会打断孩子的注意力，例如，中途给孩子送水果、让孩子帮忙做家务等。二是时间管理能力不足。这个阶段的孩子通常容易高估自己的能力，认为自己能够很快地完成一件事情，不能准确估计完成任务实际所需的时间。表现在写作业上，就是意识不到自己需要早点开始写作业，不知道轻重缓急。三是写作业的兴趣不足。家长会发现孩子的磨蹭只体现在特定的活动中，例如，孩子写作业磨蹭，但要是让他看科幻书的时候就很积极。这是因为对于小学生而言，他们更喜欢做新颖有趣的活动，枯燥的作业容易让孩子觉得无趣甚至反感，自然就做事拖拉，不到万不得已就不会动笔。

家教指导

以上几种问题也有相应的解决方法，帮助孩子克服做作业磨蹭的毛病。

1. 帮助孩子营造适宜的写作业环境

注意力集中是孩子认真写作业的前提，家长应该给孩子营造一个安静整洁的学习环境，帮助孩子提升注意力。在正式写作业之前，家长应该先把书桌上与学习无关的物品收起来，如电脑、手机、漫画、玩具等，先放在孩子不能拿到的地方，防止孩子在写作业过程中分散注意力。

2. 帮助孩子合理规划并管理写作业时间

在小学高年级阶段，孩子在成人的指导下就能较好地规划自己的时间了。家长可以通过以下方式指导孩子管理自己写作业的时间。其一，家长可以和孩子约定开始写作业的时间，帮助孩子养成回家先做作业的好习惯。其二，帮助孩子制订每天的“作业完成计划”，合理分配学习任务，设置学习时间，提高学习效率。家长要注意的是，并不是学习的时间越长、强度越大，学习成绩就越好。相反，过重的负担会打击孩子学习的积极性，导致孩子产生故意磨蹭的行为。因此，在孩子按时完成校内作业后，家长应该及时给予表扬和鼓励，而不是再给孩子超额布

置任务。

3. 提升孩子写作业的乐趣

让孩子愿意写作业最好的办法就是让孩子对写作业产生兴趣。当发现作业变得有趣了，孩子自然而然就会积极主动并且高效地完成作业。家长可以通过游戏、竞赛的方式让学习变得更加有趣。例如，可以让孩子扮演老师给家长讲解作业，也可以通过与孩子比赛完成作业来激发孩子写作业的乐趣。

五、应对成绩分化

案 例

小玥是一名小学五年级学生。她的学习成绩已让妈妈苦恼了很久。小玥在小学前三年的成绩都是稳定在班级的中上游，但是从四年级开始，成绩就出现了下滑，至今依然不见好转。眼看小学都快毕业了，升入初中之后，恐怕小玥的成绩就更跟不上了。想想隔壁邻居家的孩子小欣，一直都是小玥的同班同学，头三年的成绩和小玥差不多，但从四年级开始，小欣的成绩就一直保持在了班级的前

五名，二人的成绩出现了明显的差距。

解 析

小学中高段，学生的认知能力、思维能力都在快速发展，有的孩子得益于先前养成的良好学习习惯，进步得很快，而有些孩子可能因为之前没有养成良好的学习习惯，学习成绩越来越差，这个过程就是学习分化的过程。学习分化现象一般从三年级开始凸显，到四、五年级分化问题会更加突出。

不少小学中高年级学生家长应该也和案例中的小玥的妈妈一样被孩子成绩下降问题所困扰。在小学低年级时孩子的成绩还不错，到了三、四年级好像突然出现了魔咒，成绩一路下降。导致孩子成绩下降的原因有很多，比如，缺乏学习兴趣，没有养成良好的学习习惯，没有掌握正确的学习方法等。除此之外，家庭氛围、父母教育方式、同伴关系等都会对孩子的学习有很大的影响。

家教指导

在容易出现学习分化的时期，家长要特别关注孩子的心理状态和学习生活，进行积极的引导，提供必要的帮助。最关键的是，家长要先调整自己的观念，看重孩子努力的过程，而非成绩结果。家长可以从以下几个方面入

手，避免孩子出现学习成绩分化的情况。

1. 帮助孩子提升学习兴趣

在学习兴趣方面，中高年级孩子已经能明确意识到自己的学习兴趣所在，对不同的科目的兴趣程度各有不同，这也直接影响了孩子在不同科目上投入的时间和精力，最终产生不同的学习结果。在发现孩子学习兴趣不高后，家长可以及时采取鼓励、引导、奖励等办法激发孩子的学习兴趣。

2. 训练孩子养成良好的学习习惯

家长可以和孩子一起商量制订详细的规则，并对孩子的表现及时做出反馈。不良的学习习惯要及时指出来并进行纠正。学习习惯的培养是一个长期的过程，家长在这个阶段要坚持巩固、强化孩子刚养成的好习惯，同时注意纠正孩子的坏习惯。

3. 帮助孩子探索选择合适的学习方法

在学习方法方面，随着学习经验的丰富，中高年级学生已掌握了更多的学习方法，但不同学生在学习方法的选择上有所不同。家长要主动寻求教师帮助，积极地配合学校教师，学习先进的教育理念，帮孩子提高学习效率。需要注意的是，每个孩子都有适合自己的学习方式，这是一

个动态探索的过程，需要根据实际情况调整。

六、增加学习乐趣

案 例

小雨是一名小学三年级学生，最近的学习成绩一直下滑，有些消沉。这些天，他老是和爸妈嘟囔，说自己一看到作业就头疼，觉得学习没意思。家访时教师也反映，小雨最近的学习缺乏主动性，不是很积极，上课注意力不集中，提不起兴趣，精神有些涣散。家长对小雨的表现非常苦恼，究竟应该如何对他进行积极正确的引导，才能让孩子摆脱这种厌学情绪，发现学习乐趣呢？

解 析

在小学阶段，孩子的注意力从无意注意为主向有意注意为主发展，记忆力也在从无意记忆、机械记忆为主向有意记忆、理解记忆为主发展。此时，有趣的或充分结合日常生活实际的学习内容更符合学生的思维方式。由于小学生都喜欢新奇、有趣的东西，而传统的作业比较枯燥，容易引发他们的抵触甚至厌恶情绪。有趣的学习更能激发孩子的学习积极性，帮助他们取得更好的学习效果。

如果学习没有给孩子带来真正的乐趣，那么孩子就很容易被其他有趣的事情所诱惑。就像案例中的主人公小雨一样，没有发现读书的乐趣，就会觉得读书很没意思，写作业是个令人头疼的事情。要想有真才实学，确实需要勤奋和刻苦，但揠苗助长并不利于孩子身心发展。家长必须要运用科学合理的方法，在日常生活中积极引导孩子玩中学、做中学，激发孩子的学习兴趣，才能使他们取得良好的学习效果。

家教指导

虽然对大多数孩子来说，学习是一件枯燥乏味的事情，但家长也可以通过以下这些方法，帮助孩子把学习变得更有趣。

1. 让孩子在日常生活中体验学习乐趣

当孩子认为学习内容跟实际生活密切相关，书上的知识真的可以解决现实中的问题，就会发现学习不仅是有趣的，还很有实际价值，他们也就更愿意在学习上投入时间和精力。首先，家长需要让孩子知道知识来源于生活，引导孩子将知识与生活中的事物联系起来。例如，在语文学习中写作是一项重要的任务，家长就可以引导孩子观察、感受生活中的事物，引导孩子意识到伟大作家的灵感和精彩故事其实都来源于日常的生活，如果自己也能用心感受生活，就不会缺少精彩的写作素材。其次，家长需要引导孩子体验将知识应用于生活的成就感。当孩子体验到所学知识真的能有效解决自己平时所遇到的问题时，就会产生成就感，从而提高继续学习的动力。例如，学会加减法后可以去商店购买自己喜欢的物品，学会拼音后就能在网上搜自己感兴趣的内容，学会写毛笔字后就可以写春联等。

2. 让孩子在好奇探索中感受学习乐趣

家长面对孩子的好奇心时，除了要营造自由的环境，保护好孩子的好奇心外，更要鼓励孩子去探索未知、寻找答案。从好奇心出发的学习本身是充满乐趣的。所以，家长要教给孩子一些科学获取信息的方法，例如，如何查阅工具书、查找网络资料、请教相关人员等。

3. 让孩子在知识应用中提升学习乐趣

写作业是巩固知识、应用知识的重要途径，但常规性的作业形式容易让孩子觉得机械、单调。家长要让孩子在知识应用中提升学习乐趣。首先，可以转变学习任务的形式，使学习材料和学习方式更具趣味性。例如，复习英语单词时可以和孩子进行比赛，看谁能用有限的几个字母组出最多的单词；也可以利用思维导图、知识点对比表格、做实验等方式让孩子“乐学”“巧学”；还可以利用孩子日常生活中的场景故事，让作业更贴近生活，例如，在学习速度、车程等数学问题时，可以带孩子去科技馆，让孩子记录路上花费的时间和行驶速度，计算出这趟路程的距离。当孩子体验到作业里的知识是可以应用到现实的，就更有兴趣完成作业。

七、合理使用奖惩

案 例

小范和小豪都是小学四年级学生，目前他俩的爸妈都在为育儿过程中的奖惩问题而发愁。小范进入小学后，认真完成作业之后就会获得不同形式的奖励，如零食或零花钱，爸妈希望通过这样的奖励让孩子保持学习的动力。近期爸妈觉得小范应该要懂得认真完成作业是自己的任务，于是就撤销了奖励，不料小范竟扬言不给钱就不写作业了。而小豪家一直以来是用惩罚的方式对待孩子写作业的情况，小豪爸经常采取责骂、体罚等方式教育小豪。可随着小豪一天天长大，他的学习成绩排名却一直在中下游徘徊。

解 析

所谓奖励，就是在孩子做出良好行为后给予其正面的反馈和奖励，主要包括物质奖励和精神奖励两种。前者满足孩子外在的物质需求，后者满足孩子内在的心理需求。所谓惩罚，就是孩子做出不良行为后对其进行批评或处罚。惩罚的方式主要包括自然处罚法和行为处罚法。自然惩罚法是指当孩子表现出不良行为或犯了错误时，让孩子自己承担他先前不良表现所造成的后果，通过这个过程帮助孩子认识到自己的错误，主动改正。行为处罚法也就是日常生活中家长们常用的惩罚方法，就是让孩子为自己的不良行为付出代价，接受惩罚。例如，可以惩罚孩子做他不喜欢的事情，也可以收回孩子喜爱的某些物件。

对于奖励，案例中小范的父母撤销了奖励，小范的学习动力也一同消失。那么，奖励到底该不该用呢？对于惩罚，家长也有很多顾虑，例如，有些家长担心惩罚会伤害孩子的身心健康，还会破坏亲子感情。那么，惩罚又可不可以用呢？其实，奖励和惩罚都可以使用，都有助于帮助孩子形成良好的行为习惯，改掉不良的行为习惯，只是在使用的过程中要注意方式方法。但是，像案例中小豪的爸爸那样经常打骂孩子是坚决不可取的。

家教指导

在使用奖励时，家长需注意以下两点。

1. 根据孩子的兴趣和任务的难度，选择合适的奖励方式

家长要先评估孩子对任务的感兴趣程度以及任务本身的难度，再给予孩子相应的奖励。对于孩子没有兴趣的低难度任务，例如，整理房间、帮忙做家务、饭后漱口等，适当的物质奖励就可以让孩子积极主动地完成任务。而对于本身难度就较大的任务，例如，准备数学竞赛、完成乐器演奏考级等活动，家长要先观察孩子对这些活动是否感兴趣，对于孩子不感兴趣、难度大的任务，家长可以给予更丰富的物质奖励，让孩子在外在奖励的激励中，逐步克服困难，达成目标。

2. 表扬孩子时，多进行过程性的表扬

口头表扬是家长常用的一种奖励方式，但在进行表扬时要注意针对孩子的“努力”，而非“聪明”。家长要经常对孩子的努力过程进行表扬。例如可以说，“你在这个比赛过程中很努力了，我为你感到骄傲”，“这曲舞你练习之后，真的越跳越好了”。收获过程性表扬的孩子不仅会

形成更积极的自我评价，也能更客观看待自己的成功或失败，今后也会更加关注在任务完成过程中的收获，而非只注重结果。

在惩罚孩子时，家长要遵守以下基本原则。

1. 惩罚时不能带着情绪

家长在惩罚前自己要先冷静下来再去教育孩子，因为打骂、批评孩子很有可能只是在发泄自己的情绪。家长在惩罚孩子前要先调整情绪，等平复了自己的情绪后，客观思考孩子犯错误的原因，再决定是否有必要进行惩罚，以及要选择哪种方式惩罚。

2. 只惩罚孩子的不良行为，而不是否认孩子本身

在责罚时，要避免否认孩子本身，甚至用语言进行人身攻击，而是要告诉孩子惩罚他的具体原因。如果惩罚之后孩子的不良行为确实有了改变，并表现出好的行为时，那么就适当奖励，表扬他的改变，并鼓励他继续发扬良好行为。

3. 惩罚态度要一致

家长对孩子的错误行为的态度要明确、保持一致性。尤其是父母双方的意见要统一，如果出现一方唱“红脸”、一方唱“白脸”的情况，孩子自然会偏向惩罚较轻甚至不需要惩罚的一方，就无法实现惩罚所带来的积极效果。

专题三
身心健康

小学中高段是学习的关键时期，很多家长开始给孩子报各种各样的补习班，除了涉及数学、语文、英语这些文化课，还有钢琴、舞蹈等兴趣类课程。而对孩子来说，应付学校的功课已经很累了，穿梭在各种补习班之间更是让他们身心俱疲。

小学中高段也是孩子从儿童期逐渐过渡到青春期的关键时期。这时，他们不仅身体迅速成长，心理也发生了变化，开始追求独立自主，但他们的心智并没有完全发展成熟，会面临一些新的问题，比如，同学矛盾、亲子冲突等。因此，家长的教育方式不能一成不变，要随着孩子的发展进行调整，更好地配合孩子的成长。

本专题围绕身心健康，选取了培养运动习惯、科学搭配饮食、处理同伴关系、学会管理情绪、应对孩子叛逆、理性对待“童星”、加强生命教育等主题，为家长们介绍保持孩子身心健康方面的科学知识和实际可行的方法，让家长能够在尊重孩子身心发展客观规律的基础上对孩子进行教育，帮助孩子健康成长。

一、培养运动习惯

案　例

小柳是一名小学六年级学生，从小就不爱运动。上学后更是想方设法逃避运动：平时多走几步路就喊累；一到体育课就说自己肚子疼，要请假。小柳的家长希望培养小柳爱运动的习惯，于是经常催促小柳去运动。但小柳总是有各种各样的理由，冬天嫌太冷，夏天嫌太热，对体育一点也不感兴趣。

解　析

运动能够促进孩子生长发育，帮助孩子强身健体，增强免疫力。并且，运动能够增加流向大脑的血液量，从而提高注意力，增强记忆力，激发创造力，提升孩子的学习效率和解决问题的能力。既然运动有这么多好处，为什么现在的孩子越来越喜欢“宅着”呢？

近些年来，经济迅速发展，网络也随之走进了千家万户，我们的生活发生了翻天覆地的变化。例如，从前买水果需要到附近的水果店，现在只需要在手机上动动手指，就有人把水果送上门了；从前在家的娱乐活动很少，大家几乎都选择出门玩，现在电子设备则成了孩子的“好玩伴”，甚至有些家长也是一回家就坐在沙发上拿着手机不撒手，难怪孩子们变得越来越不爱运动。

另外，有些孩子本身不擅长运动，在运动过程中也没有得到愉快的体验，就逐渐对运动产生了恐惧心理。很多肥胖的儿童动起来比较吃力，所以也不爱运动。长期如此，孩子不仅容易患上脂肪肝、糖尿病等疾病，也会更容易情绪低落，逐渐形成自卑心理。

家教指导

家长是孩子的第一任老师，家长对孩子的影响不仅仅包括言语上的教导，也包括行为上无意的引导。所以家长在孩子面前的表现十分重要，如果家长下班回家后就在沙发上一躺，周末从来不带孩子出门锻炼，孩子很有可能有样学样，不管家长怎么催促孩子运动，孩子就是不肯出门。所以，要培养孩子的体育爱好与特长，家长必须自己也参与进来。

1. 陪孩子一起看体育节目

家长可以选择合适的体育节目和孩子一起看。在观看体育比赛的时候，家长要在旁边对比赛进行解释，并且对孩子进行适当的引导，如果家长对体育比赛不熟悉，可以查阅资料，然后用孩子乐于接受的方式给孩子进行科普。

2. 陪孩子一起运动

万事开头难，好的开始是成功的一半。如果孩子本来就不擅长运动，更要从简单的运动开始。每天晚上吃完饭或者孩子写完作业之后，全家人就可以一起出门散步。散步的过程中，家长可以和孩子做一些小游戏，在不知不觉之间加大运动量。等到孩子已经适应了之后，可以就近取材，利用小区内的健身器材，和孩子一起锻炼。

3. 让孩子体会到运动的快乐

运动给我们带来的快乐，一方面来自运动本身，另一方面来自运动后的成就感。运动时，体内会分泌出大量多巴胺和血清素，这两种化学物质能够让我们感受到快乐。家长在孩子勇敢迈出每一步、取得进步之后要及时鼓励。

孩子运动能力有了一定的提高之后，可以鼓励他参加学校里的运动会或者是校外的比赛。即使孩子没有获得名次，家长也应该表扬孩子尽力完成比赛的拼搏精神，鼓励孩子。

4. 选择合适的运动项目

在孩子对运动不那么排斥之后，家长可以和孩子一起选择运动的项目。小学中高年级的孩子大多处于9—12岁的青春前期，这个时期孩子的骨骼和肌肉虽然在生长，但和成年人仍然有很大的差距。因此，这时孩子的运动应该以有氧运动为主，比如游泳、慢跑或骑自行车等。如果孩子对集体类运动、对抗类运动感兴趣的话，也可以带孩子去参加乒乓球、羽毛球、篮球、跆拳道等课程。

二、科学搭配饮食

案例

小柔是一名小学三年级学生，父母工作都很忙，经常加班，平时是姥姥和姥爷照顾他。老人非常疼爱小柔，尤其是在饮食上，大鱼大肉变着法子给小柔做好吃的，如糖醋排骨、红烧鱼、狮子头等。家里的零食更是从来都没缺过，生怕小柔吃不饱。久而久之，小柔越来越挑食。现在小柔的家长意识到了问题的严重性，把所有零食都藏了起来，同时劝她吃点青菜。刚开始，小柔还勉强吃了一些，可是后来说什么也不肯吃。

解 析

零食和大鱼大肉都是更加有“滋味”的食物，重口味食物一直刺激着孩子的味蕾，吃惯了这些“重口味”食物之后，再吃清淡的食物就会感觉没有味道，自然没什么食欲了。另外，孩子每次吃零食的时候，胃里都会分泌出消化液，但因为零食的量不大，所以每次孩子的胃只需要分泌少量消化液就可以消化零食了。长此以往，消化液分泌的规律被打破，正餐的时候胃部消化液分泌不足，使正餐不能很好地被消化，导致营养不良。

随着生活节奏的加快，很多年轻人选择让父母来帮自己带孩子。隔辈亲也是很常见的社会现象，姥姥姥爷、爷爷奶奶通常都比较宠孩子，凡事都依着孩子来。孩子说喜欢吃红烧肉，姥姥恨不得每顿都做红烧肉。小柔的姥姥就是这样，对营养搭配并不了解，家中饮食的营养结构也不够均衡，孩子喜欢吃什么就给孩子做什么，孩子想吃零食就让她吃零食。而且，长期纵容、溺爱孩子会让孩子养成任性的性格。孩子会觉得父母、祖父母都必须对自己百依百顺，自己当然想吃什么就可以吃什么，不想吃什么就不吃什么。一旦父母没有满足孩子，孩子就很可能通过发脾气这种方式来达到自己的目的。

家教指导

有些家长懂得营养搭配，不纵容孩子，养出来的孩子身体健康。有些父母自己爱吃油炸食品，就总是带孩子一起吃，这样的孩子也有可能营养不均衡。所以家长必须要有良好的饮食习惯，有均衡饮食的意识，孩子才能形成良好的饮食习惯。

1. 控制孩子吃零食的频率

孩子吃零食的时间需要根据吃正餐的时间来调整。两顿正餐的间隔最好在3.5—4个小时之间，这样孩子吃下去的东西能够被充分消化。孩子能感觉到自己饿了，吃东西就会更香。如果孩子平时吃很多零食，他可能很难在短时间内改掉这一习惯。家长需要循序渐进地帮助孩子改掉这一习惯，比如，减少孩子吃重口味零食的次数等。

2. 让孩子参与做饭过程

我们可能都有这样的一种感觉，自己做的饭菜格外香。孩子也是这样的。家长可以让孩子参与做饭的过程，带孩子去菜市场，和孩子共同挑选食材，让孩子帮忙洗菜，引起孩子对做饭的兴趣。

3. 改善烹调方式

有些家长试着把蔬菜加进肉里，但孩子总是只吃肉。明明做的是青椒炒肉丝，吃完饭后盘子里青椒都剩下了，肉丝都被吃光了。遇到这样的情况怎么办？家长可以把青菜和肉都切得小一些，让孩子挑不出来青菜，只能一起吃下去。除了切小块之外，家长还可以把孩子不喜欢吃的食物和孩子喜欢吃的食物做到一起。比如，把白菜剁成末，和肉馅一起做成白菜肉馅包子；再比如，把西葫芦擦成丝，和鸡蛋一起做成糊塌子。

三、处理同伴关系

案例

杨杨是一名小学四年级学生，性格有些内向，朋友比较少，其中有一个朋友，就是他的同桌。同桌活泼开朗，班上有很多好朋友。杨杨的妈妈最近有些担心，因为平时儿子回家都会跟爸妈说一些学校里发生的事情，但这两天回家就把自己锁进屋里。妈妈问他怎么了，他只说没什么。一问老师才知道，原来是杨杨和同桌之间发生了矛盾。前两天杨杨上学迟到了，本来想从同桌的背后跨回到座位上，但同桌想和杨杨开个玩笑，就没有给他让位置。杨杨一着急就使劲推了一下同桌，同桌没注意撞到了桌子上，两人差点因此在课堂上打起来。妈妈知道，儿子和同桌只是起了一点小冲突，但她也不知道如何帮助杨杨和同桌重归于好。

解析

进入小学中高年级，同伴逐渐成为儿童人际交往中最重要的人。良好的同伴关系有利于儿童社会交往能力的健康发展，但孩子在与同伴交往的过程中，不可避免地会和同伴发生冲突。

同伴冲突的解决策略可以分为5种，分别为问题解决、强制、折中、顺从和回避。问题解决策略指的是充分考虑到双方的要求和利益，找到双方都满意的冲突解决方式；强制策略指的是孩子只关注自己的利益，不管别人是怎么想的；折中策略是一种中庸策略，虽然也考虑了双方的利益，但希望双方都做出让步；顺从策略指的是孩子只关注别人，完全忽视自己；而采用回避策略的孩子往往会通过种种方式避开冲突，比如离开冲突情境，或者回避有争议的问题。

杨杨和同桌采取的冲突解决策略就是回避策略。自从吵架之后，两个人都不知道该怎么解决问题，也不愿意和别人提起这件事情。孩子习惯采用的冲突解决策略和家庭环境以及父母的行为有一定的关系。成长在民主家庭中的孩子，会采用比较积极有效的方式解决冲突，比如和对方沟通。而如果父母在和孩子之间产生矛盾的时候，选择体罚孩子，或者言语上讽刺挖苦孩子，会让孩子误以为攻击别人才是解决冲突的正确方式，因此他们也会选择用强硬的方式对待别人。如果家长过分干涉孩子的生活或者过度保护孩子，孩子可能不知道怎么应对人际冲突，像杨杨一样选择用逃避的方式来解决问题。

家教指导

孩子的成长不会是一帆风顺的，他们总会和其他人产生摩擦或发生争执。心理学家认为，合理应对冲突可以帮助我们理解他人的想法，在解决冲突的过程中，社交和认知能力都会有所提高。所以，出现冲突不可怕，关键是家长怎么教孩子解决冲突。

1. 营造良好家庭氛围

家庭环境，尤其是家长平时的行为对孩子来说有非常重要的影响，因为孩子会从周围环境中学到很多。家长在家庭中营造出民主的气氛，孩子耳濡目染，就可以学会使用比较成熟的方式解决冲突。如果孩子在遇到冲突时求助家长，家长可以积极鼓励孩子用沟通的方式解决冲突。

2. 具体问题具体分析

有些家长听说孩子和同学之间发生了摩擦，想当然地觉得是自己家孩子受了委屈或者是自己家孩子主动欺负别人。前者很可能会告诉孩子被别人欺负时要强硬一点；后者很可能会“教训”孩子，告诉孩子不要去欺负别人。显然，这两种极端都是不可取的。家长应该先问清楚到底发生了什么冲突，然后根据具体问题教孩子适当的解决方式。

3. 引导孩子换位思考

孩子之间的大多数冲突都是“你委屈，我也委屈”，两个孩子都觉得自己才是受伤的那一方，谁也不服谁，也不肯体谅对方。家长在平时和孩子相处的时候可以引导孩子体会他人的感受。如果孩子回家说，今天同学们都嘲笑另一个同学，家长可以这样引导孩子：“你觉得被嘲笑的同学心里会不会难受？你觉得他是怎么想的？”

4. 让孩子远离暴力源

孩子不仅会模仿家长的行为，也会模仿电视剧、电影或者游戏中的行为。心理学家曾经做过一个实验，结果发现，如果孩子看到别人打了玩偶娃娃，他就更有可能也去打玩偶娃娃。因此，家长尽量不要让孩子接触含有暴力画面的影视作品，避免孩子在无意中学会错误的冲突解决方法。

5. 家校合作保障安全

家庭教育与学校教育，都是不可替代的。家庭可以针对孩子的个性进行个性化的教育，学校根据特定年龄段学生的共同特点开展教育活动。学校教师可以通过班级活动进行教育，在团体的协作下，促成孩子的成长与改变。

通过家校合作，教师可以从家长那里获得信息，家长也可以从教师那里获取信息，了解学生校园内外不同场景下的表现，丰富的信息来源使教育更有针对性，双方信息的反馈会形成良好的教育合力。

四、学会管理情绪

案例

小群是一名小学三年级学生。在学校的大部分时间，小群都是一个阳光乐观的孩子，能够和小伙伴们友好相处。可是一旦遇见不顺心的事情，她就像变了个人一样。如果小群想要出去玩，但小伙伴拒绝了她，她瞬间就大哭大喊。小伙伴们对小群这一突如其来的变化不知所措。这样的事情发生几次之后，小伙伴们都不愿意和小群一起玩了，生怕自己哪句话说得不对，小群的情绪就会爆发。

解析

情绪管理能力就是驾驭自己情绪的能力。它包括三个过程，分别是感知自己和别人的情绪、表达自己的情绪和调节控制自己的情绪。随着小学中高段儿童大脑的迅速生长，他们对情绪的感知能力迅速发展，不仅能够敏感地察觉到自己的情绪，也能够敏感地察觉到别人的情绪。这个时候孩子有了主动探索周围人际关系的意愿，但他们的情绪表达能力和情绪控制能力还没有跟上大脑发育的水平，需要通过生活经验来进行学习。根据一项调查，小学中高段的孩子在受到外界影响的时候，大体上会做出两种反应，一种是直接发泄，所有的不高兴都表现在脸上，甚至还会动手打人；另一种则是压抑自己，表面装作若无其事的样子，但实际上心里非常难受。

小群的问题是很典型的情绪表达能力和情绪控制能力发展不足的表现。在面对同伴的拒绝之后，她选择了直接发泄这种表达情绪的方式。实际上，家庭能够在很大程度上影响孩子的情绪管理能力。如果家长非常蛮横，给孩子的关心也不够，孩子就会逐渐失去安全感，选择封闭自己，压抑自己的情绪；如果家长溺爱孩子，或者忽视孩子，孩子可能会通过发脾气来让家长满足自己的要求，情绪管理能力也就越来越弱。但如果父母在平日生活中表现出良好的情绪管理，采取善解人意的教育方式，多与孩子进行沟通，对孩子的情绪发展则是非常有帮助的。

家教指导

小学中高段是孩子情绪发展的一个关键期。这个时期的孩子对情绪非常敏感，也非常容易受情绪的影响和支配，同时，这个时期对孩子来说也是情绪管理能力发展的可塑期。所以家长必须抓住机会，帮助孩子学会用恰当的方式表达自己的情绪，建立科学的情绪管理方式。

1. 接纳孩子消极情绪

很多家长朋友在孩子发脾气的时候，一部分家长会通过指责和打骂来教育孩子，一部分家长则用零食和手机等来转移孩子的注意力。心理学家认为，这是“忽视型”家长的表现，会导致孩子忽视、压抑情绪，而不是表达、疏导情绪。长期如此，孩子会产生消极情绪，消极情绪堆积会使孩子产生严重的心理问题。家长要接纳孩子产生消极情绪，让孩子知道在父母面前表达自己的情绪是安全的。这样才有利于家长帮助孩子进行情绪管理。

2. 以解决问题为导向

对于一些孩子来说，只要家长理解和安抚了他们的情绪，他们就能冷静下来，但更多时候，需要家长帮助孩子解决问题，才能让孩子停止哭闹。例如，孩子因为做不出数学作业生气抹眼泪，哽咽着说：“我就是做不出来这道题。”这时候家长若只是说，“孩子，我能明白做不出作业有多难受，我上学的时候有时也做不出来”，这样的回答对孩子来说可能无济于事。家长只有试着和孩子一起解答数学题才能真正平复孩子的情绪。

3. 帮助孩子澄清误解

随着孩子不断成长，他们会逐渐开始接触学校和社会中的人。家长在孩子情绪“发作”现场的机会也逐渐变少，很多时候也不方便直接出面“解决问题”，这时家长可以通过改变孩子的想法来帮助孩子进行情绪管理。家长一定要问清孩子情绪产生的原因，帮助孩子纠正不合理的想法，逐渐引导孩子学会情绪管理。

五、应对孩子叛逆

案 例

小佩是一名小学六年级学生，马上就要升初中了，正是应该专心学习的时候。可是妈妈最近非常苦恼，觉得孩子变了，没有以前爱学习了，说什么她都不听。妈妈让小佩学习，本来她已经拿起了书，不一会儿却又捧起了杂志；妈妈不让小佩看电视，她却说：“凭什么你们能看电视我却不能？”妈妈鼓励小佩考个好学校，她却说：“考好学校有什么用，还不是在家里受管制”；外面下雨了，妈妈让小佩必须穿上秋裤再出门，她却根本没理会，直接就出了门。爸妈想和小佩谈一谈，但是她却非常抗拒，甚至扬言：“你们就是想逼我好好学习，就是不想让我开心，我才不要和你们谈！你们再逼我，我就离家出走！”

解 析

在孩子的成长过程之中，有三个叛逆期：第一个出现在2—3岁时，被称为“宝宝叛逆期”；第二个出现在6—8岁时，被称为“儿童叛逆期”；第三个出现在12—18岁时，被称为“青春叛逆期”。小学中高段的学生正处于“儿童叛逆期”和“青春叛逆期”之间的过渡阶段，既保留了之前叛逆期的痕迹，又出现了下一个叛逆期的倾向。这时的孩子开始有自己的主见，觉得自己已经长大了，想要摆脱家长的束缚。现今社会压力很大，家长都希望孩子能考上个好学校，不仅要求孩子学习成绩优异，还希望孩子能够掌握一些特长，给孩子报了各种各样的补习班，钢琴、小提琴、舞蹈、跆拳道，等等。但是，孩子们往往不是出于主观意愿报的补习班，并且这些补习班挤占他们的时间，孩子会感到缺少自由，因此会产生逆反心理。

心理学研究表明，如果孩子的基本心理需要得不到满足，就会产生逆反情绪。基本心理需要包括自主需要、关系需要和能力需要，其中，自主需要指的是孩子对自己行为的控制感和内心的自由感；关系需要指的是孩子与他人保持良好的人际关系，感觉到他人是支持自己的；能力需要指的是孩子对周围环境的掌控感。小佩觉得爸爸妈妈给自己的关心和爱不够，自己其实是为父母而活、为升学而活，她的基本心理需要没有得到满足，就很容易用反抗的方式来向控制自己生活的家长“宣战”，试图从父母手中夺回自己生活的控制权。

家教指导

小学中高段的孩子已经比较明白事理了，知道家长是为了自己好才管自己，但由于想争取自由和自主，就是想要和家长对着干。很多家长对孩子叛逆采取的态度是“熬过去就好了”。这种想法其实是不妥当的。“叛逆期”是孩子成长必经的过程，尽管孩子没有以前那么听话了，但这是孩子内心的自主和外界控制之间矛盾的体现，家长应该积极引导孩子，和孩子共同成长。

1. 平等地对待孩子

孩子的逆反心理大多数时候都发生在权利不对等的情况下，在师生关系和亲子关系中，孩子经常处于弱势地位。上面的例子中，小佩会觉得大人能想干什么干什么，自己为什么一点自由都没有呢？其实孩子的想法不无道理。家长可能会陷入一个误区，认为只要自己的出发点是为孩子好，孩子就应该理解自己的一片苦心。可是孩子也是一个独立的个体，他也有自己的思想，不是家长的附属品。家长应该平等地对待孩子，一定程度上让孩子自主安排自己的生活。同时，家长也应该注意自己的行为，为孩子做出良好的示范。

2. 试着用孩子的思维和他们交流

很多家长喜欢用自己当年的成长经历来教育孩子，张口闭口都是“我当年……”。但时代发展进步了，孩子接受的是最新的教育，如果家长的思维还停留在过去的那个年代，孩子会认为家长是“老古板”，什么都不懂，自然不服从家长的管教。当家长觉得孩子和自己对着干的时候，不妨了解一下孩子是怎么想的，孩子为什么要和自己对着干，孩子和自己对着干会导致什么样的后果。用孩子的思维去解释孩子的行为，家长便能更容易地走进孩子的心中，和孩子共同解决逆反这一问题。

3. 减少使用控制性的语言

有研究表明，控制性的语言会让孩子做出更加叛逆的行为。控制性的话通常包括一些词，比如，“必须”“一定”“禁止”，等等。小佩的妈妈就经常说这种话：“你一定要好好学习”，“你必须去上补课班”，“你不能和学习差的孩子一起玩。”孩子觉得这种语言剥夺了自己的自由，为了证明自己是一个独立、自主的人，孩子会选择和家长对着干。家长在和孩子沟通时，应该多用建议式的语言，比如“你可以选择……”“你有机会……”，等等。

六、理性对待“童星”

案　例

小亮是一名小学五年级学生，梦想是成为一个大明星，于是妈妈就带着他到处参加选拔。有一天，妈妈接到一个自称是某电视台工作人员的人打来的电话，说小亮进入了某频道微电影拍摄的选拔环节，妈妈就放心地带儿子去参加面试了。面试当天，他们看到现场有不少网络情景剧的宣传海报，还看了一些其他孩子拍摄微电影的照片、视频等，面试人员的名片上也印有栏目组艺术总监、导演的字样，一切都让人感觉非常正规。几天后，她又接到通知说小亮进入了复试环节。复试之后，栏目组夸小亮的表现非常好，可以进入剧组拍摄，但正式上镜前还需要请专业老师进行辅导。妈妈爽快地与传媒公司签订了合作协议和赞助协议，支付了高额的培训费、包装推广费，连续多天陪着儿子辗转多地参加培训和拍摄，两人一路上兴高采烈。小亮共参与拍摄了3部影片，但不料直到协议到期之后，参与的影片仍未见播出。妈妈多次催问影片播出进程，栏目组用档期排满等各种理由搪塞，并拒绝退费。小亮的星路遭遇坎坷，而妈妈望子成龙的愿望落空又损失了不少钱财。

解 析

童星是演艺市场的一类宠儿，但他们自己的日常生活常常受到商业演出的影响，因此，这些很早成名的孩子在心理方面容易产生缺陷，也很可能过早沾染一些商业社会的习气。很多孩子因为童星而迷上电视和网络的综艺节目。另外，受商业驱动的童星培训常常构造的是一个简单的成功路线，与现实社会的少儿成长规律与生存法则大相径庭，在观察到孩子有可能迷失于对童星的崇拜，甚至沉迷于当童星的幻想时，家长应该及早干预，帮助孩子树立正确的价值观。

近些年来，艺术教育越来越受到青睐，戏剧、影视、音乐、舞蹈、美术等方面的教育越来越受到重视。孩子在接受学校的艺术教育之余，如果仍有进一步学习的兴趣，是值得鼓励的。但在这个过程中，家长需要尊重艺术教育

的规律，打消“花钱走捷径”的念头。对各类相关培训机构，更需要甄别其教育资质。

其实，小亮妈妈的遭遇并不罕见，许多家长都有过此类经历。当前很多机构号称是培养童星的公司，并不具有培训资质，也没有相应的师资和课程，多数情况下都是收了家长的费用之后就没了下文。

家教指导

1. 理性看待童星现象

家长应认清现实，12岁以下的未成年人，应该过正常的、以义务教育为主的学习生活，即便对特别有明星潜质的孩子，家长也不能剥夺他的“发展权”。这个年龄段孩子，不能放弃学习，也不宜中断学习。要教育孩子不能迷信童星，能成为童星的孩子毕竟是很稀少的，不能仅仅凭着兴趣爱好就过早放弃自己作为学生的本业，即使热爱艺术，也可以通过正规的教育选拔程序，参与正规的、有教育资质的相关机构的培训。

2. 仔细鉴别合作机构

如果确实要参加这种艺术培训，家长需要对机构的资质反复考察。由于市场准入门槛低，大多数所谓的“童星培训”公司都只是文化传媒公司，并不具有培训资质。家

长应当清醒地认识到这种童星培训的经济风险，并把这种风险告诉自己的孩子。家长作为孩子的监护人，不要盲目让孩子参加没有培训资质的培训班。家长在为孩子选择各类演出或培训机构时，对机构的资质要有充分的了解，慎重选择。在签订合同时，要注意避免各种陷阱，必须明确双方的权利和义务。

3. 保护孩子的合法权益

家长在带孩子参加各类活动和培训时，还应注意保护未成年人的权益，如姓名权、肖像权、健康权等，多从未成年人的身心健康、成长规律出发，不可盲目跟风。家长也要告诫自己的孩子，切勿在无家长陪同的情况下参加各类活动和培训，以防上当受骗。

七、加强生命教育

案 例

2020年，新型冠状病毒疫情爆发，在疫情爆发初期，我国各地有许多医护人员奔赴一线，救治患者。然而，还有一些人却瞒报病史、瞒报行程，严重干扰了抗疫工作。

例如，赵某长期在高危地区居住，于2020年1月23日同其他人自驾车辆回老家。次日赵某到医院就诊，对医生隐瞒在高危地区居住的经历，对小区物业疫情排查人员多次隐瞒其曾在高危地区居住的事实，且不遵守防疫期间相关规定多次外出，在公共场合聚餐，频繁接触他人。

解 析

从狭义上来说，生命教育是对“生”和“死”的教育，也是告诉孩子对自己、他人乃至一切自然生命的关注。在这次疫情中，每一个人都可能会接触到“死亡”，病毒随时可能会对我们的生命产生威胁。

案例中提到的人，明明发烧却隐瞒病情，身体不适还四处聚会，他们没有意识到疫情的严重性，不愿意配合抗疫工作，是因为他们认为自己不会感染病毒，不了解这次疫情的严重性。这不仅是对自己的生命不负责任，而且是对他人生命不负责任的表现。

这次疫情是对孩子进行生命教育的一个很好的契机，可以帮助小学中高段的孩子认识生命的价值和意义。我们应该告诉孩子，那些冒着自己牺牲的风险去挽救更多人生命的医护人员值得我们尊敬，每一个参与抗疫过程的人都展现出了对生命负责的态度。

家教指导

不敬畏生命的后果非常惨重，因为不珍惜生命的孩子可能会残害自己的生命，不尊重生命的孩子可能会残害别人的生命。在疫情面前，患病和死亡数字说明了生命的脆弱，医护人员的无私奉献则体现出了生命的价值和意义。家长可以借此为孩子上一堂深刻的生命教育课。

1. 以科学的眼光看待死亡

小学中高段的孩子已经知道了死亡的一些基本概念，但是，有一些孩子相信电视、电影作品中虚构的世界，错误地认为自己可以“死而复生”或者是拥有不会死亡的超能力。这时，家长就需要教育他们以科学的眼光来看待死亡，告诉孩子生命只有一次，我们不仅要珍惜自己的生命，也要尊重和保护其他人、动物和植物的生命。

2. 让孩子切身感受生命责任和价值

家长可以在养宠物或者植物的过程中，让孩子体会生命的脆弱。在孩子照顾其他生命的过程中，他们会意识到，如果不给宠物喂食，那么宠物就会饿肚子，如果不给花浇水，花就会枯萎甚至死亡。家长还可以趁此机会对孩子进行安全教育与健康教育，让孩子学会保护自己、健康生活。

家长也可以和孩子进行一些与生命价值有关的游戏。

比如诺亚方舟游戏，家长让孩子假设自己是一艘船的船长，但这艘船马上就要沉没了。船上有7位乘客，分别是医生、国民偶像、孕妇、科学家、百万富翁、工程师以及年轻有为的市长。救生艇只有三个位置，作为船长，孩子要决定让哪三位客人优先上船，并讲述选择的原因。孩子选择的人一定程度代表他的价值取向，家长可以借此引导孩子进一步思考生命的价值和意义。

3. 对孩子进行“大爱”教育

在抗疫的特殊时期，医护人员明明知道病毒的传染性很强，但仍然愿意冒着生命危险去拯救生命，这就是一种“大爱”的体现。用这样的“大爱”来教育孩子，可以让孩子明白生命的价值。

专题四
安全教育

安全教育是家长的重要责任，也是孩子人生中最重要的一堂课，因为生命只有一次，生命重于一切。确保孩子安全需要家长完成四个任务：一是创设安全的家庭环境；二是对孩子进行安全教育，树立安全意识；三是在生活中进行安全知识普及和自救自护训练；四是管理安全风险，开展家庭活动的安全监测及心理监测。

小学中高年级的孩子处于身心发展期，行动能力不断增强，安全事故风险加大，家长要加强安全风险管理，遵循安全的规律，排除事故的隐患。安全事故发生有前因后果，安全管理“事故链”中，某些环节出现缺陷就造成了整个安全体系的失效，酿成事故。事故原因可能是环境变化、人的不安全行为、物的不安全状态、人的失误等，所以需要家长建设安全环境、开展安全教育、进行安全监测。不同年龄要开展不同的安全教育，教育孩子学习常识、积累经验、冷静应对。

本专题围绕安全问题，选取了储备急救用品、注意户外安全、应对校园欺凌等主题，帮助家长教育儿童养成居家出行的自我保护意识和了解基本的自救知识与技能。

一、储备急救用品

案 例

近日，一幢居民楼突发大火。消防人员到达现场后，火势很快得到了控制。起火的房屋女主人说，起火点在客厅的椅子上，上午给孩子洗澡、吹头发，结果楼里停电了，就把电吹风放在椅子上，忘记拔掉电吹风的插头，后来就去卧室睡觉了。楼里来电后，椅子上的电吹风一直在工作着，由于过热而导致起火！吹风机和椅子着火后，因为家中没有烟雾报警器，在卧室睡着的女主人也不知道。直到火势严重，主人闻到浓重的烟味，才发现客厅着火了，可是家中也没有灭火器和防火毯，没法灭火，只好打电话报警，在等待消防员的时候，眼睁睁看着火越烧越大，直到消防员赶到才把火扑灭。

解析

发生火灾的原因很多，有燃气火灾、电器火灾、玩火引发火灾、堆积物引发火灾等，家庭应配备相关的防火安全用品，如可以及早发现火灾和燃气泄漏的烟雾报警器、燃气报警器，火灾刚发生时需要使用的灭火器、防火毯等，火灾失控时的逃生物品，如防烟面具、安全绳、手电筒，等等。

案例中的起火家庭如果安装了烟雾报警器，在火灾初起时就会响起刺耳的报警声，家人和邻居就能及时发现火情，及早处理。如果家中有灭火用品就能在火灾初起时及早灭火，减少家中的财产损失。

家教指导

家庭中的安全隐患一般有用电事故、燃气厨具事故、家人意外伤害事故、食品安全事故、宠物伤害、用药安全事故等，因此应急防备的重点是医药救护、消防安全和意外监控。“安全无小事”，希望家长提高安全意识，有备无患。

1. 家庭中必须准备好医药救护的应急用品

家庭中要备齐常用药，并且谨慎用药。家中可以设立小药箱，常备处理外伤的消毒剂、止血药、烫伤药和应急包扎用品，每半年检查一下药品的保质期，处理过期药品，以免误用。用药时，看清说明书和保质期，按说明书使用。伤情如果严重，要尽快就医，口服药应在医生指导下使用，不能几种药一起吃，以免发生药品事故。对孩子的过敏史、患病史留好记录，放在医药箱中，以免时间长遗忘了，服药时出现药物过敏问题。

2. 家庭中必须备有日常报警装置

日常安全用品包含定时器、烟雾警报器、燃气警报器。定时器可以避免烹调时间过长出现意外。如果忘了关灶具，那么定时器就能有效避免危险发生。燃气泄漏警报器可以监测厨房燃气是否泄漏，烟雾警报器在检测到烟雾时会发出警报，避免发生火灾而没人发现，尤其是夜晚睡着时避免发生危险。家里特别是卧室附近至少要安装一个烟雾探测器，定期检查，每年至少更换一次电池。家中装一个防盗报警器能在家中没有人的时候保证安全。一旦发生危险，不但邻居们会知道，安保公司也会得到通知并及时赶到。

3. 家庭要备有消防和地震应急物品

消防应急包应有小型灭火器、防火毯、防烟面罩、安全绳、手电筒。其中小型灭火器和防火毯在火灾初发时可以及时灭火，防火毯和防烟面罩用于火灾时保护自身逃生，安全绳在火灾严重时帮助楼房居民从窗户爬下逃生，手电筒可照明和发出求救信号。如果家中没有消防用品，可以利用楼内公共区域的灭火器、救生带、安全绳等设施，当然，前提是家人要知晓这些应急公共物品摆放的位置和使用方法。一些地区地震多发，也应该准备地震避难包。火灾和地震虽然不常有，但是一旦发生就是人命关天的大事，我们必须有备无患，确保平安。

4. 家庭应保留固定电话，安装安全监控设备

现在人们都使用手机，很多人家中不再保留固定电话，但是手机容易出现信号不好的情况，有时还会出现没电，或一时找不到的情况。所以为了安全起见，家庭应保留固定电话，以便遇到问题时能及时联系家人或报警。家庭还可以安装摄像头，特别建议有儿童的家庭安装，因为可以通过摄像头查看儿童独自在家时是否安全，是否活动正常。

二、注意户外安全

案 例

小天、小军和阿田都是小学五年级学生，还是同班同学。有一天，他们三个结伴出去玩，来到了一条小河旁边。小天发现河里有很多小鱼，于是就脱了鞋袜走到水里开始摸小鱼。河边的泥土长满了青苔，小天没站稳，一下子滑倒了，他一边惊叫，一边扑腾。听见小天的惊叫，小军和阿田赶紧跑过去，可是小天已经漂到河中间了，小军和阿田拉着手往河中间走去，还没有碰到小天，阿田脚下一滑，和小军一连串地摔倒了。他俩好不容易爬起来，已经看不见小天了。他们哭喊着："快来人呀，救命呀！"附近有两个村民听到喊声赶紧过来，一位会游泳的村民立刻跳进水里，搜救小天，另外一人赶紧把小军和阿田拉到岸上。当小天被捞上岸的时候已经面色青紫、瞳孔散大。随后他被送往附近医院抢救，由于溺水时间过长，小天最终抢救无效死亡。

解 析

溺水一直是近年来中小学生非正常死亡的头号杀手。

每年天气变热后，青少年溺水事故就进入高发季，家长务必增强安全意识和监护意识，切实承担起监护责任，加强对孩子的教育和管理，特别是加强放学后、周末、节假日期间的管理，经常对孩子进行安全教育，并给孩子传授相关知识和技能，不断加强孩子安全意识和自我保护意识，提高孩子的避险和自救能力，严防意外事故的发生。

教育部门每年向全国家长发出防范溺水的一封信，要求家长重点教育孩子做到“六不”：不私自下水游泳，不擅自与他人结伴游泳，不在无家长或教师带领的情况下游泳，不到无安全设施、无救援人员的水域游泳，不到不熟悉的水域游泳，不熟悉水性的学生不擅自下水施救。家长尤其要教育孩子遇到同伴溺水时避免手拉手盲目施救，要智慧救援，立即寻求成人帮助。

家教指导

孩子外出游玩时家长要有安全防范意识和安全防范的规则。对孩子有相应的规则要求，同时进行外出游玩的安全教育。

1. 孩子外出要向家长请示，经过家长同意才能去

家长要问清楚游玩的计划，知道孩子和谁一起去，去哪里，怎么去，玩什么，玩多久，并规定时间，按时回

家。家长要进行分析，排除不安全因素，注意交通、治安等方面有无安全隐患。如果没有家长陪同，孩子们单独结伴出行，不能去太远的、偏僻的地方，要在规定时间按时回家，不得在外过夜。

2. 外出游玩要去安全的场所

家长要规定孩子不得去营业性的网吧、游戏室等社会场所，不得去工地、野地、河边、荒山上游玩。针对高发的溺水事故，家长要讲清危害性、危险性，教育子女不独自或结伙外出游泳，不要到不知水情或比较危险且易发生溺水伤亡事故的地方去游泳，不到江、河、湖、海、水库、池塘、溪边、水池等地玩耍或游泳，杜绝溺水事故的发生。

3. 外出游玩要选择正直可靠、遵纪守法的同伴

要求孩子不参加非法聚会，不结交不良青少年，不与陌生人交谈，不吃陌生人的东西，不跟陌生人去玩，以免被拐骗和受到伤害。

4. 外出游玩要遵纪守法，讲文明礼貌

教育孩子不玩火、不吸烟、不玩尖锐的物品，爱护公共设施和消防设施。不欺负比自己弱小的同学，不打架斗殴。如有不良青少年向自己索要钱物，要及时告诉家长或

向警察求救。

5. 外出游玩注意饮食健康和安全

吃东西注意饮食卫生，不吃野外不认识的东西，不暴饮暴食，不买街头或小店“三无”食品。外出遇到雷雨天气，要找安全的地方及时躲避，不要在空旷的野外停留，更不可在大树下或高层建筑物下躲雨，以免遭到雷击伤害。

6. 遇到问题及时与家人联系，发现危险及时报警或求救

发现火情和意外事故要大声呼救和及时报警，要记住自己的家庭住址、父母的工作单位和电话号码。另外，110报警电话、119火警电话、120救护电话等急救电话也要熟记。

三、应对校园欺凌

案 例

五年级（3）班这几天气氛很怪，小明一来就有五个男生互相使眼色，然后会有人去翻小明的文具盒和书本，往他的座位上踩脚印。女同学小悦说：“你们干吗呢？”

小宇发话了："小悦，你别管，要管就连你一起收拾。"小悦吓得不敢说话了，旁边的同学也都不说话。前几天小明和小宇打篮球，小明把小宇的腰撞得好痛，也没道歉，很自然地说："我又不是故意的。"小宇气不过就告诉了好朋友，他们商量着一起来整治他，让班里的女同学也别理他。小明告诉了爸爸，爸爸给老师打电话告状，老师很震惊，赶紧联系小宇家长。小宇的家长一问，小宇委屈地说："不是我欺负他，是他欺负我，他打篮球故意抢我的球，还把我撞伤了。"小宇的妈妈一看，小宇的左腰还有一块瘀青。这下问题复杂了，到底是谁欺负了谁？小明是遭到了校园欺凌吗？

解　析

校园欺凌指学生中发生的故意的欺凌弱小的攻击性行为。欺负行为包括制造威胁、散布谣言，身体上或口头上攻击，在一个团队中排挤某人。欺负者使用武力或权威来控制或伤害他人。欺凌有五个特点：故意的敌对意图；双方力量不平衡；重复或可能重复发生；受害者感到痛苦，遭受心理或身体创伤；欺负者进行挑衅。欺凌分为语言、身体、心理和网络四种基本类型。直接欺凌是身体或言语攻击受害者。间接欺负主要是群体的社会隔离，比较难以发现，如故意排斥、散布谣言等。

由此可以分析出，小宇对小明的行为属于故意敌对行为，且双方明显力量不均衡。几天之中，小宇针对小明的欺负行为反复发生，虽然没有直接伤害小明的身体，但是损坏了小明的物品，还让人孤立小明，这些挑衅行动和人际的伤害让小明感到痛苦。因此，小宇对小明的行为是校园欺凌。小明对小宇的行为则不是校园欺凌，因为小明在打球过程中抢球和冲撞是运动过程中正常的行为，不是故意敌对的，也不是有意的重复行为，更不是强势力量针对弱势力量的行为。当然，小明也有过错，在撞伤小宇后态度不好，不及时道歉还给自己找理由推脱，这也是引发小宇不满的原因。其实，小宇对小明有不满，可以告诉老师，由老师出面进行调解，而他找人一起针对小明的行为，就属于校园欺凌。

家教指导

这些年，触目惊心的校园欺凌事件引起了家长、社会和政府的高度关注，政府从中央到地方多次发布通知进行专项治理。校园欺凌会严重影响孩子的正常生活和学习，也会影响他们的身心健康和品德发展。

如何预防和应对校园欺凌呢？

1. 密切注意孩子是否有被欺凌或欺凌他人的迹象

比如，孩子经常意外受伤，或衣服、书籍被毁坏等；经常性头痛、肚子疼不舒服或假装生病；突然不吃饭或暴食；失眠或频繁的噩梦；学业成绩下降或者突然不想去上学等。有的孩子会有欺凌他人的潜在迹象：争吵或打架；攻击性增强；有不明原因的额外的钱或新的物品等。

2. 了解孩子不寻求帮助的原因

受到欺凌的孩子之所以不寻求帮助，可能有以下原因：欺凌会使孩子觉得无助，害怕欺凌者或搬弄是非的人；欺凌是一个屈辱的经历，很多被欺凌的孩子不希望成年人知道，担心成年人会认定或惩罚他们的弱小；感到孤独，觉得没有人在乎，没人理解；怕被同龄人排斥，朋友可以保护他不受欺负，孩子害怕失去这种支持。

3. 多方沟通了解情况后采取适当措施或寻求帮助

小学中高段的孩子，心智发育尚未成熟，不能一有问题家长就断定孩子是遭遇了校园欺凌，也不能只听自己孩子的一面之词，要学会与老师沟通，具体问题具体分析。如果家长怀疑或确认孩子被欺凌或欺凌别人，要积极采取适当措施，及时寻求帮助。尤其是要与学校保持联系，请求学校进行调查，一起协商，找到合理的应对办法。另外，社区执法部门、社工组织等相关机构和组织都可以为家长和孩子提供帮助。

4. 教导孩子若遭遇校园欺凌应沉着冷静，妥善处理

家长有责任也有义务教导孩子，如果自己遭遇校园欺凌，务必沉着冷静，妥善处理。比如，和施暴者谈判，拖延时间，然后找到机会逃跑或者经过谈判取得信任；和家长、学校说明情况，对施暴者进行处理，千万不要以暴制暴；携带防身用品、报警器；学会进行自我心理疏导等。

5. 教育孩子正确地应对网络欺凌并远离网络暴力

近年来伴随着微博、微信等网络平台的发展，网络欺凌现象也在迅速蔓延。在微信群、朋友圈中常有各式各样的网络暴力行为和侵犯他人隐私的行为。有不堪入目的污言秽语，有接二连三的消息骚扰，例如，收到“大家都讨厌你”或“你真失败”的嘲笑或羞辱，有的把他人照片放上网络任人评论，这些欺凌会导致对方心理伤害甚至人身安全危险。

网络欺凌的应对方法有置之不理、设立界线、进行投诉、联系学校、告知家长、诉讼威胁和联系警方。置之不理指切断来自此人的一切通信；设立界线指联系欺凌者要求其停止攻击行为；进行投诉指找网站或互联网服务供

应商投诉对方的骚扰、威胁、隐私侵害和跟踪，以暂停或终止网络欺凌者对互联网的访问权；联系学校指如果欺凌者与自己的孩子在同一所学校，可以联系学校请教师帮助解决；告知家长指找对方家长插手制止网络欺凌行为；诉讼威胁指特别情况下可以诉诸法律，请律师帮助对实施诽谤、骚扰或其他网络欺凌的人提出民事诉讼；联系警方指如果有证据显示网络欺凌手段涉嫌犯罪活动，如仇恨犯罪、人身威胁或在校内谈论武器使用，则立即与警方联系。

四、遵守交通规则

案 例

小林是一名小学四年级学生。有一天早晨去上学，他在家里耽搁了一会儿，出门时一看表，猛然发现自己快要迟到了。于是他一路小跑，看到自己想要乘坐的公交车即将进站，就猛然进入机动车道快速奔跑，这时候恰好有一辆小轿车开了过来，司机来不及刹车，撞伤了小林的腿。司机赶紧打电话报警，警察确认双方都有责任，并通知小林的父母带他去医院治疗。警察判定小林违反交通规则进入机动车道猛跑引发事故，司机没有看清路况未及时刹车也有责任。经检查，小林的腿粉碎性骨折，双方都承担了一部分医疗费用，过了好多天才把腿养好。

解析

衣、食、住、行是人们生活中最基本的内容，其中的“行”，主要涉及交通问题。学生平日里上学、放学，节假日外出，除了步行以外，还要骑自行车、乘汽车。所以，交通安全问题是我们必须重视的，要帮助孩子树立交通安全意识，掌握必要的交通安全知识。调查发现，造成小学生意外伤害最多的是交通事故。什么交通方式事故最多？骑自行车和步行。而且，查阅公安交通部门的交通事故档案可以发现，责任方多半是受害儿童，其中因不遵守交通规则而发生的车祸在交通事故中占大多数。例如，孩子穿越马路时不走人行横道或逆行，在公路旁玩耍，红灯亮时横过马路，在机动车道上骑自行车等。本案例中，小林因为害怕上学迟到，所以在机动车道奔跑，最终引发了交通事故。

家教指导

据世界卫生组织统计，每年有超过18万名15岁以下儿童死于道路交通事故，数十万的儿童致残。交通事故一直是我国儿童和青少年意外死亡的主要原因之一。虽然我国机动车只占世界总量的1.6%，车祸死亡却占世界车祸死亡的14.3%。可见，交通安全事关重大，那么如何对孩子进行交通安全教育呢？

1. 培养孩子的交通安全意识

在道路交通活动中，汽车是强者，自行车及其他非机动车次之，行人是弱者。对于这一点，每个行人应有自知之明，要增强自己的保护意识，避免与车辆发生碰撞。

2. 让孩子了解基本的交通规则

要让孩子了解基本的交通规则，在马路上行走或骑车，都必须自觉遵守交通规则。12岁以下的小学生不准骑自行车上路；不可以在马路上追逐打闹，不追车、扒车；乘坐公交车，一定要在车停稳之后再上车、下车；不乘坐无牌照的车辆。

3. 教孩子辨认隔离设施

交通隔离设施是用来分隔车辆与车辆、行人与车辆的安全设施，使各自都按规定的路线通行。主要有绿化隔离带、行人护栏和车行道隔离墩三种。隔离设施好比是一座座墙、一条条分界线，车辆与行人是不能随便逾越的。任意钻越和跨越隔离设施是违反交通法规的行为，非常危险。

4. 教孩子不同交通方式的安全常识

家长要教孩子步行安全常识、乘公交车和家用轿车的安全常识，还有雨雪天气外出的安全常识。如果外出乘坐火车、飞机、船只，也要教孩子相关的安全常识。

五、学习紧急救护

案 例

可可是一名小学三年级学生。有一天，她一边吃鱼，一边看手机。突然可可咳嗽起来，原来是鱼刺卡住了喉咙，奶奶说吃块馒头会把鱼刺带下去，但是又怕如果再咽下食物，会加重鱼刺刺入的深度，更不易取出。妈妈想起喝醋可以软化鱼刺，但是怕醋可能刺激并灼伤食管黏膜，导致受伤的程度加深。最后家里人商量了最好的办法是直接去医院取出鱼刺。家人把可可送到医院，医生用专业工具取出了鱼刺。

解 析

噎食是儿童常见的意外，指进食时食物卡在喉咙或食道的狭窄处，也有可能是异物误入气管，由于气管受到了压迫，导致通气障碍，非常危险，严重的甚至会导致死亡。家长要了解噎食或卡刺的基本原因，防止噎食的发生。家长要帮助孩子养成专心用餐的习惯。不要在用餐时批评孩子或与孩子争吵。用餐时要保证孩子心情舒畅，但是也注意不要聊天说笑，让孩子养成“食不言”的良好习惯。平时孩子吃棒棒糖、果冻之类的零食要特别注意，吸食果冻意外导致窒息死亡的案例已经出现很多了。儿童出现意外噎食后，要选择科学的解决方案。如果自己不能处理，要及时送医，不要贻误救治时机，避免对孩子造成更大的伤害。

家教指导

家长应该学习常见意外伤害的紧急救护方法，保护孩子的安全。

1. 夏季中暑的处理

把患者迅速转移到阴凉通风处仰卧，松开衣服。迅速降温扇风或用冷水擦拭身体，加快体内热量的散发。若孩子神志清醒，可以用淡盐水或清凉饮料补充盐和水分。如果患者晕倒了，可使其侧卧，同时立刻呼叫救护车。

2. 流鼻血的处理

指压法止血，用手指捏住鼻翼约10分钟，压迫止血。冷敷止血法，用冰袋或冷水浸泡的毛巾敷于前额部或头顶部，使头部血管收缩，可以减少出血。填塞止血法，用消毒棉球塞住出血的鼻孔，必要时可将止血药涂于消毒棉球上，塞入出血的鼻孔。

3. 噎食的处理

如果孩子能说话应让他弯腰，拍打他的背部，力争让异物自行排出。如果孩子呼吸困难但神志清醒，可采取上腹部冲击法，让孩子弯腰前倾，救助者站其身后，双臂抱起腰部，右手握拳放在孩子的剑突与肚脐之间，左手抓住握拳手，向上方冲击挤压腹部，可重复以上动作，直至异物排出。

4. 肢体出血的处理

先检查伤口内有无异物，将异物取出。将敷料覆盖到伤口上，用手持续压迫止血。如果辅料被血液浸透，不要更换，再取敷料在原有敷料上覆盖，继续压迫止血。同时将肢体抬高（如果肢体可以活动），一般应高于心脏，这样做可以减少出血。

5. 扭伤与关节脱位的处理

不可强行搬动或揉按受伤的部位，用毛巾浸冷水或用冰袋冷敷肿胀处30分钟左右，同时抬高患肢，减少受伤部位的出血流量，减轻肿胀。用厚布垫包裹受伤处，用绷带或三角巾包扎，固定伤处，包扎得宽松一些，尽快送医院检查治疗。

六、抵御毒品诱惑

案 例

小郁是一名小学六年级学生。他在社会上结识了一个新朋友，不久发现这个朋友的圈子里流行一种彩虹烟。这种彩虹烟和普通香烟很相像，吸食彩虹烟时会产生色彩斑斓的烟雾，非常酷炫，还自带香气。小郁很好奇，就尝试了一根。没过几天，小郁发现自己已经离不开这种彩虹烟了。告诉爸妈之后，爸妈急忙将他送到医院就诊。经医生确诊，这种彩虹烟其实是一类新型毒品，小郁已经上瘾了。小郁报警后，警察展开了缉毒行动，发现有的小贩在校门口向学生兜售“增智提神”的药丸，其实这些药丸含有毒品成分。

解 析

毒品包括鸦片、海洛因、甲基苯丙胺（冰毒）、吗啡、大麻、可卡因等。毒品危害严重，已成为世界性问题，不仅对吸毒者造成身体和精神上双重危害，还对家庭、社会造成严重危害。毒品对身体健康的危害性很强，会损害大脑，影响中枢神经系统功能、血液循环及呼吸系统功能，使人体免疫功能下降，还会导致吸毒者感染各种疾病，甚至导致吸毒者丧失劳动能力或死亡。

毒品和孩子的距离其实很近。近年来，新型毒品不断出现，如麻古、彩冰、摇头粉、K粉、阿拉伯茶等，这类毒品往往以奶茶、跳跳糖、饼干、咖啡包和香烟等外形出现，比传统毒品具有更大的“伪装性”。

家教指导

新型毒品伪装度高，常被用来诱惑青少年。家长要让孩子树立珍爱生命、远离毒品的理念，并掌握辨识毒品的技能，帮助孩子建立对毒品的防线。

1. 教育孩子不去吸毒易发场所

酒吧、网吧、迪厅为吸毒的易发场所，舞厅、迪厅里常有人推荐摇头丸，通过五颜六色的丸剂吸引少年儿童，家长要教育孩子远离这些地方。

2. 教育孩子要远离毒品

让孩子了解毒品的危害，不要对毒品产生好奇心，不要为寻求刺激尝试吸食毒品。不随便接受陌生人的东西，遇到教唆吸毒的，直接拒绝或想办法离开，然后再找安全的地方报警。

3. 教育孩子慎重交友

近朱者赤，近墨者黑。小学生要慎重结交自己不了解的社会上的朋友。如果交友良莠不分的话，容易受骗上当，沾染毒品。

专题五
媒介素养

媒介素养是指人们在面对不同媒体中各种信息时所表现出的对信息的选择能力、质疑能力、理解能力、评估能力及思辨能力。随着科技的发展，计算机网络和手机网络等电子媒介正逐渐成为当代小学生获得信息的重要渠道。关于电子媒介的内容选择及使用方式是家长首要关注的内容。在媒介使用上，小学中高段的孩子在学校里开始上信息技术课，开始使用电脑进行学习。不少家长此时会给孩子配一部手机，孩子可以用手机和家长、同伴联系，用手机、平板电脑完成网上作业和课外学习。与此同时，他们在网上也会关注明星、流行音乐、社会热点话题。大部分孩子有自己的微信、QQ账号，还会开微博、玩直播。这个时期也是孩子审美、价值观等初步形成的关键时期。因此，家长要引导孩子正确看待网上的信息，懂得辨别虚假信息。同时，家长也要帮助孩子提高自控力、合理安排上网时间，防止网络沉迷。

本专题围绕媒介素养，选取了预防网络诈骗、辨别虚假信息、欣赏优秀节目等主题，指导家长培养儿童的媒介素养，提高对信息的辨别能力，预防网络诈骗及网络依赖，并提高孩子的审美情趣。

一、预防网络诈骗

案 例

小江是一名小学四年级学生。有一天，她无意之中进入了一个名为生日福利的QQ群。某天群里突然更新了一条群公告："100元返利800元！名额有限！"随后，她主动添加了群成员"苏苏"的微信，并给苏苏通过二维码转了钱。本以为800元马上到手，没想到"苏苏"却告诉小江，刚刚的转账没有备注不算。小江竟然又转了第二笔钱。随后，"苏苏"给小江发来了一张1600元返现的图片，并提出要288元才能激活。为了拿到返利，小江从妈妈的手机微信里转钱给对方。没想到，对方又变本加厉说转888元才能激活成功。直到被对方“拉黑”，小江才意识到自己被骗。

解 析

对于大多数小学生来说，他们比父母一代接触网络的时间更早，但随着上网时间的增多，儿童也逐渐成为互联网诈骗的最大受害者。由于年纪小、防范意识不足，他们很容易受到诱惑和欺骗，加之各种游戏平台、虚拟商品交易平台在监管方面不成熟，因此小学生很容易成为不法分子的诈骗对象。本案例中，小江因为年龄较小，对互联网上的诈骗信息缺乏辨识能力，因此遭遇了诈骗。作为孩子的监护人，父母应起到教育作用，提早教孩子识别各种常见的网络诈骗手段。

家教指导

父母可以通过以下几种方式来教孩子如何预防网络诈骗。

1. 凡涉及钱财的信息，要跟父母说明

家长应提醒孩子在面对中奖、借钱、打款这样的信息时，一是要提高警惕，二是要做到不轻信、不贪便宜，不转账、不汇款。当出现好友要求汇款时，建议先电话联系好友再进行操作，汇款等事宜要和父母商量。

2. 帮孩子安装杀毒软件和过滤软件

父母要提醒孩子提高病毒防范意识，手机要定期杀毒和更新杀毒软件，电脑也要下载并安装最新的操作系统和浏览器安全程序或补丁；安装网络防火墙，防止黑客入侵；养成定期更新杀毒软件的习惯，防止新型病毒入侵。

3. 教孩子识别常见网络诈骗类型及掌握应对方法

（1）盗号诈骗。不法分子经常利用木马程序盗取社交账号密码，冒充受害者的好友、家人，骗取信任后直接索要钱财。家长要经常提醒孩子，在QQ、微博、微信上不要随便加陌生人为好友，不要轻易点击对方发来的图片，更不要轻易打开来路不明的邮件（可能含有病毒）。

（2）中奖类信息诈骗。骗子会利用各种渠道，冒充某活动官方通知用户获得大奖。常见来源有：聊天工具、博客、微博、论坛社区消息和电子邮件等。这类诈骗往往以优厚的奖品为诱饵，要求网友提前支付奖品的个人所得税，方可领取“大奖”。收到中奖信息后，可利用正规网站提供的电话号码进行确认，搜索中奖提示信息，查看是否有网友提示曾上过当。

（3）游戏代练诈骗。有些骗子以游戏代练为名，对一些热衷于网络游戏而希望加快升级速度的孩子实施诈骗。这类诈骗开始以很便宜的游戏代练服务费为诱饵，让孩子付款，随后以系统崩溃需要验证、想要退款得先打钱解冻等各种理由让孩子继续打钱，开始是几百元，后来就变成几千元甚至上万元。家长要提醒孩子在游戏中如果看到有人称能提供较低折扣的充值，千万不要轻信。对于要求直接汇钱而没有第三方保障的代练网站更应慎之又慎。

（4）虚假客服信息。有的诈骗者冒充大企业的客服，向用户发送虚假中奖、账号被盗消息。骗子故意拆分号码，伪造客服电话，模仿正规官方客服电话进行诈骗。打电话过去咨询，仔细甄别，可以发现骗子的普通话水平往往不高，与正规客服电话存在差距，他们还会要求汇款，而正规网站客服不会向中奖用户索取任何费用（如手续费、运输费、邮寄费、税费等）。因此，家长应教育孩子不要随意回拨陌生电话，更不要向陌生账户汇款。

二、辨别虚假信息

案例

小聪是一名小学三年级学生。有一天，他在网上看到一则消息说，一只鸡发生了变异，长了四条腿八个翅膀。小聪感到特别惊奇，回家后，小聪兴奋地告诉妈妈："妈妈，今天我在网上看到有人说一只鸡有四条腿八个翅膀！"妈妈说："网上真是这么说的？"聪聪说："对呀！妈妈，真的有这样的鸡吗？"妈妈摸着聪聪的头，郑重地对聪聪说："聪聪，网上的信息不一定都是真实的，我们要学会辨别哦。"

解析

由于信息技术的迅速发展，孩子接触媒体的渠道大大增多，但互联网上存在虚假信息泛滥的现象，这种现象对孩子的影响越来越大。这些虚假信息，很可能会对他们的学习、生活、思想产生负面影响。因此，父母要从小培养孩子对网络信息的辨别能力，提高孩子的媒介素养。

家教指导

网上虚假信息繁多，家长要帮助孩子提高辨别真假信息的能力。

1. 培养孩子独立思考的能力

要让孩子多思、多想、独立思考。平日，当孩子提出一个问题，家长不要急于回答孩子的提问，不要急于帮忙解决孩子的问题，而是先鼓励孩子自己去寻找答案。

2. 鼓励孩子使用多元资料查证信息

现在网络上的信息良莠不齐，如果孩子从小盲目相信网络，会带来负面影响。当孩子遇到问题，父母可以鼓励孩子使用字典、辞典、百科全书等多种资料去查证，不要一味依赖网络。

3. 告诉孩子常见的虚假信息类型

平时多注意结合真实案例告诉孩子一些常见的虚假信息类型以及可能的危害。比如，有的虚假信息是伪科学，有的是未经核实就发出的假消息，有的则是别有用心者散布的谣言，还有的信息是有人为了牟利或攻击他人故意夸大或歪曲事实编造的。虚假信息的产生主要有两类动机。一类是利益驱动，为了诈取金钱；一类是政治驱动，如被不法分子用来左右公众对于政治的认知和判断，从而控制舆论，威胁政治安全。如果我们听信这些假信息，就可能影响自己的生活工作学习；如果随意转发，就会扩散危害甚至触犯法律。

三、管理上网时间

案 例

小聪是一名小学三年级学生，特别喜欢用爸妈的平板电脑上网看视频、玩游戏。这一天吃完晚饭，她拿着妈妈的平板电脑不撒手，妈妈就催促她："小聪，你已经玩了快1个小时平板电脑了！"小聪撒娇说："妈妈，妈妈，您就再让我玩会儿嘛！"妈妈坚定地说："不行，你今天玩得太久了，够了。"小聪说："反正您之前又没有说玩多久。"妈妈无言以对。

解 析

随着科技的发展，手机、平板电脑等移动设备成为当下人们不可或缺的物品，对于大多数儿童来说，都会受到这些设备的影响。但是，这些影响具有两面性，有些家长会利用手机、电脑的便捷性为孩子提供丰富的学习资源，拓展他们的知识面，但也有的孩子因为沉迷于上网而影响正常学习和生活。

家长们既不能对孩子上网问题放任不管，也不能一刀切，完全限制。最好的办法就是与孩子约定上网时间。案例中的妈妈意识到上网可能给孩子带来不良影响，要求孩子不能长时间上网，却忘了提前约定上网的时间。

家教指导

家长要跟孩子约定好上网时间，可以参考以下步骤和原则。

1. 约定的方法

第一步：筹备约定。一方面是父母和孩子就约定开诚布公地一起聊聊，双方各自表达对于约定的内容和目标的想法，以及在过程中怎样贯彻执行；另一方面是和除了孩子外的家庭成员一起聊聊，针对接下来和孩子之间签订约定的内容及实施方式，最好统一口径、意见一致。

第二步：发起约定。约定时机一般选择在学期开始、假期开始或孩子生日等节点比较好。发起方式主要有三种：一是家长发起，家长提出具体内容要求，征询孩子的想法；二是家长和孩子共同发起，具体内容协商来定；三是孩子发起，倾听孩子的想法，家长提出建议。

第三步：签署约定。签署约定要有仪式感，发起人、应约人和见证人（家庭其他重要成员，或同学、老师等）在“约定书”上签字并承诺遵照执行。另外，最好将“约定书”张贴在家中显眼位置。

第四步：实施约定。实施过程中有两点需要注意：一是家长要明确角色，作为鼓舞者、支持者，而不是监工；二是要培养孩子的自律意识。

第五步：总结约定。约定期限到后，要对此过程做一个全面的回顾、总结和反思。首先是肯定约定参与者在此过程中的付出和贡献。其次是赏罚分明，根据目标的完成程度进行奖惩。最后，参与人员可以和孩子好好交流一下整个过程的心得体会。

2. 约定的原则

（1）有商有量

提前说清楚执行规则的意义，事先与孩子协商，让孩子提前了解规则的具体内容并且知道制订规则的意义非常重要。

（2）齐心协力

家庭成员的态度要一致，如果父母、爷爷奶奶等家庭成员的态度不一致，会让孩子在执行规则时钻空子。

（3）赏罚分明

坚定地执行规则，并有明确的奖罚。家长在规则面前不坚定，会使规则失效。规则没有奖罚，会使规则失去吸引力和威慑力。

四、欣赏优秀节目

案例

小松是一名小学四年级学生，最近迷上了武侠剧，时不时地就在家里挥舞着晾衣杆，喊打喊杀的。有一天，妈妈忧心忡忡地跟爸爸说："你发现没有，咱们儿子最近情绪一激动就喊打喊杀的？"爸爸深有同感地说："我也发现了，最近咱们儿子老在网上追一个电视剧，是武打片，我看里面有很多暴力血腥的场面，咱儿子老看这样的电视剧，肯定会受影响的。"妈妈说："这可怎么办？"爸爸说："我看咱们得好好想想办法，推荐一些优秀的影视作品给儿子看。"

解析

现在孩子观看影视节目的渠道很多，除了电影院、电视，还能从各种视频网站上观看。但是，现在的影视作品良莠不齐，有些影视节目并不适合未成年人观看。由于孩子小，辨别能力较差，因模仿剧中角色而导致的一些伤害事件在新闻报道中屡见不鲜。如何在多种渠道、良莠不齐的影视作品中挑选适合孩子看的内容，培养并及时引导孩子养成正确的观影习惯，培养孩子的是非观和价值观，是家长的重要责任。当然，优秀的影视节目本身也是很好的教育手段，教育部和中宣部联合发布的《关于加强中小学影视教育的指导意见》指出，优秀影视作品对中小学生素质教育具有重要意义，用优秀的影视作品对小学生来进行影视教育，可以帮助孩子“感受世界、开拓视野、体验情感”。因此，家长也应该主动为孩子挑选并推荐一些内容健康向上、知识丰富的优秀影视节目，节假日也可主动带孩子到影剧院一起观看，既可增进交流，又可丰富生活。

家教指导

1. 提高孩子的审美趣味

家长应利用健康的影视作品来培养孩子的欣赏品味，让孩子从小远离低级趣味的作品。现在网上有海量的影视节目资源，家长应该事先了解，认真挑选，做好孩子观影的“向导”和“参谋”。孩子小的时候，不能任由他自己在网上随便选择，而要向他推荐一些经典影片。早在1996年，全国中小学生影视教育协调工作委员会（以下简称“协委会”）就已经正式成立。协委会负责中小学生影视教育指导及影视片的评选、推荐和促进发行工作，办事机构设在中国儿童少年电影学会。自1997年4月至2014年7

月，协委会共向全国中小学生推荐33批411部影片，截至2018年已推荐38批优秀儿童影片。家长们可以提早了解。

2. 观看影视节目过程中，要及时引导

尽量不让年幼的孩子单独看影视作品，而应该陪孩子一起看，在陪孩子看电影的过程中，给孩子讲解一些精彩的剧情和有教育启发意义的内容，让孩子更多地从影视作品中受益。看了影视作品后，家长可以让孩子讲讲观影感受，和孩子一起讨论剧情。孩子如果对某部影视作品特别感兴趣，可以给孩子介绍一些有启发意义的影评，还可以让孩子阅读与影视作品相关的书籍。

3. 建立健康的观影时间安排表

看电视剧比较容易令人上瘾，大人都很难自控，孩子就更不用说。因此，家长尽量不要让孩子看太长的电视连续剧，如果孩子确实喜欢，建议制订合理的观看时间表。

五、合理使用手机

案例

小晨是一名小学四年级学生。他在三年级期末的一次考试中进步很大，为了奖励小晨，爸妈就给他买了一部他心仪已久的智能手机。没想到小晨得到手机后连吃饭睡觉都不愿意撒手。一开始，小晨喜欢玩手机游戏，妈妈催他放下手机的时候，他老是说这把打完就不玩了。可一不留神，小晨就又开了一局新游戏。更过分的是，他还偷偷用妈妈的手机银行在游戏里充值。妈妈发现之后，一气之下把这些游戏都卸载了，并没收了他的手机。但小晨并没有消停几天，就开始偷偷拿妈妈的手机玩。妈妈既无奈又后悔。

解析

家长一定要采取适当的方法引导孩子，既不能禁止孩子玩手机，也不能纵容孩子无限制地玩手机，要让孩子养成合理使用手机的好习惯。

家教指导

1. 不要把手机当作给孩子的奖励

很多家长把手机当作给孩子的奖励，案例中小晨的妈妈就是其中之一。这样的奖惩方法虽然可能在短时间内产生效果，但研究发现，在用这种奖惩方法的家庭中，孩子会更容易沉迷于玩手机。而且，这种方式可能会让孩子把兴趣点从事情本身转移到奖励上，有奖励的事情就做，没有奖励的事情就不做，家长和孩子之间的交流变成了交易。

2. 规定使用手机的时间

孩子的自控力有限，家长应该和孩子共同商量玩手机的规则，通过约定的方法帮助孩子提高自控力。约定规则时要注意赏罚分明。比如，每次玩手机不能超过20分钟；如果连续3次按时归还手机，奖励下一次可以多玩5分钟；这次玩手机多玩了几分钟，那么下次玩手机的时长就减少几分钟。

3. 陪孩子找到手机的替代品

家长对孩子玩手机这件事的态度应该是“疏”而不是“堵”，行动上应该陪伴孩子找到比手机更有意思的事情。比如假期的时候，家长可以陪伴孩子去动物园、海洋馆、天文馆参观，陪孩子学游泳、学打篮球等培养孩子多方面的兴趣，不让孩子的注意力一直停留在玩手机上。

专题六
性教育

小学中高段孩子的身心开始进入快速发展阶段，身高快速增长，第二性征开始出现：女孩乳房悄然变大，出现月经初潮；男孩喉结开始突出，有的开始变声。这些急剧的变化，对孩子来讲是一种成长的喜悦，也是一种成长的烦恼。此时，家长适时开展性教育，及时引导就格外重要。

家长在这个阶段需要注意：要关心孩子的日常生活，注意孩子的情绪变化，保持良好的亲子沟通，确保孩子遇到问题的时候能够向父母敞开心扉。妈妈可以主动给女儿讲一些有关月经的知识，爸爸可以给儿子讲一些遗精的知识，为孩子做些知识储备，使他们遇到问题时不致惊慌。

总之，在关心孩子学习成绩的同时，一定要注意孩子的日常生活，关注他们的身体和心理变化，培养身心健康、全面发展的孩子。

本专题围绕性教育，选取了科学解释遗精、男孩的性教育、女孩的性教育等主题，指导家长了解青春期生理卫生知识，对儿童开展适时适度的性教育，让儿童了解必要的青春期知识，认识并适应身体的变化。

一、科学解释遗精

案 例

小凯是一名小学六年级学生。有一天早上，爸爸喊小凯起床，结果发现儿子慌慌张张跑进了洗手间。爸爸觉得不对劲儿，就敲敲洗手间的门，问他："小凯，怎么了？有事吗？""没事，爸爸。"小凯的声音有点慌乱。爸爸走进儿子的卧室，掀开被子，发现床单上黏糊糊的一片。原来，小凯遗精了。那么，作为家长，应该如何帮助儿子科学合理地看待遗精这件事情呢？

解 析

青春期男孩的遗精是正常的生理现象，它与男孩的生理机能发展密切相关，同时也与外界的刺激有关。生理机能方面，遗精是男孩成熟的标志。在遗精前的一两年内，男孩的睾丸不断发育成熟，开始产生精子。精囊、前列腺和尿道球腺也不断产生分泌物，即生产精液中的液体部分。当精液增加到一定数量的时候，就自动从尿道排出来了，这就叫“精满自溢”。外界刺激方面，男孩子有了自己喜欢的女孩，他们有时会不断想象自己与女孩在一起的情景，会梦见自己与喜欢的女孩拉手、拥抱、亲吻等亲密行为，这就容易导致梦遗。如果男孩子经常穿紧身裤，睡觉时穿的内裤过紧，被子过重、下半身盖得太暖，或者趴着睡觉，泡热水澡太久，都容易导致生殖器持续充血，诱发遗精。孩子在大量运动、过度的体力劳动或脑力劳动之后，睡眠会比较深沉，脑皮质下中枢加强，也容易导致遗精。

家教指导

正确对待遗精现象，对青春期男孩生理健康的发育尤为重要，家长该如何做呢？

1. 父母要提前告知孩子与“遗精”有关的知识，同时进行性教育

男孩开始遗精的年龄有很大的个体差异。有的男孩10岁左右就开始了，有的男孩却一直到18岁左右才开始出现遗精。大多数男孩的首次遗精发生在13岁左右。爸爸要寻找合适的机会，用合适的方法，告知孩子“遗精”是正常的生理现象，成人男子也会发生梦遗。当孩子了解到这些后，首次遗精就不会引起较大的恐慌了。爸爸一定要主动跟孩子交谈这个话题，告诉孩子性不是一个禁忌的话题，避免孩子通过其他渠道满足自己的好奇心。妈妈也可以以聊天的方式告诉孩子相关知识，还可购买一些相关读物，让孩子自己阅读。要牢记的是，在家庭性健康教育中，父母扮演着同样重要的角色。

2. 帮助孩子澄清一些错误认识

有人认为遗精会影响身体健康，其实这是错误的。成年男性每天能够产生几千万甚至上亿个精子，这么多的精子要么老化、死亡，被酶消化，要么排出体外。遗精不会伤元气，没有必要担心。相反，如果你经常为此担心、恐惧，这些消极情绪对身体的影响更大。遗精的发生跟一个人的发育状态、健康水平、营养水平、周围环境和性欲

要求等因素有关，所以是因人而异的。有的人很少遗精。同一个人，不同时期的差别也很大。有时连续几天都有遗精，有时可能很长时间都不遗精。只要身体健康，性器官及第二性征发育正常，不必担心。

3. 根据孩子遗精的外部刺激情况，引导孩子以科学的态度对待遗精

鼓励孩子多参加文体活动，分散对性的注意力。同时，要培养孩子对生活的广泛兴趣，让孩子的生活充实起来。还要提醒孩子适量运动，及时缓解压力，不要让自己经常处于疲劳和紧张之中。要与孩子多交流，提醒孩子注意生理卫生。平时，父母尤其是爸爸要细心观察，多与孩子沟通交流他的生理现象，以便正确引导。如果遗精过于频繁，需及时带孩子就诊。如果孩子一天数次或者几乎天天遗精，由此导致头晕、乏力、心悸气短、萎靡不振等，应该引起重视，及时带孩子去医院就诊。

二、科学解释初潮

案 例

小晶是一名小学六年级学生。这一天，她一进家门，就委屈地哭起来："妈，今天我真是丢死人了！"妈妈一听，赶紧从房间里跑出来，看着小晶眼泪汪汪的样子，连忙问："怎么了，宝贝儿？"原来，上课的时候，小晶感觉肚子不舒服，起初以为是自己喝了几口凉白开导致肚子疼，没想到一下课，发现自己的裤子被染红了。同桌看到后，立马脱下自己的上衣，遮住了她的裤子，并把她带到了厕所，请另一个同学去找班主任老师要来了一片卫生巾，接着去女生宿舍借了同学的一条干净裤子。换上同学的裤子之后，小晶才总算是舒了一口气。作为家长，如何帮助女孩科学合理地认识初潮这件事情呢？

解 析

女孩第一次来月经称为初潮，初潮的年龄一般是10岁到16岁。月经是周期性地子宫内膜脱落出血的生理现象。女孩出生以后，卵巢里有许多原始卵泡。进入青春期之后，一般每个月有一个卵泡发育成熟，然后排出，卵子通过输卵管进入子宫。同时，子宫内膜变厚、变得柔软而富有营养。如果卵子排出后，没有遇到精子成为受精卵，那么增厚的子宫内膜就会逐渐萎缩脱落排出体外，这个过程就是月经。通常行经期为3—6天。一般女性的排卵周期为28—32天，所以月经形成规律后，也是28—32天出现一次。初潮后，有的女孩在半年内，也有的在一两年之内，月经都不会有规律。有时可能十天半月来一次，有时也会两三个月不来，月经量也会时多时少，这都是正常现象。当卵巢发育成熟，开始有规律地排卵后，月经周期才会正常。父母要提醒孩子，月经是正常的生理现象，它代表了女孩生理发展的健康情况。

家教指导

1. 关注孩子来月经时的情绪

月经来临之前，有的孩子可能会有胸部肿胀、头疼、失眠等状况，从而导致心情不好，初潮不久的女孩这种情况可能更明显。这是因为内分泌的变化导致了情绪的变化。可以让孩子多吃一些让人心情愉快的食物，或者服用维生素B，它不仅能稳定孩子的情绪，同时也能减轻腹部疼痛。如果发现孩子的情绪变化过于激烈，影响到了学习和生活，可以带孩子去看医生。

2. 提醒孩子注意月经期的卫生

父母尤其是妈妈，要主动关心孩子，提前准备月经用品，要提醒孩子，在月经期间，身体的抵抗力会稍有下降，如果不注意经期卫生，容易引起生殖器官甚至全身性疾病，会对将来的生殖健康带来不良的影响。要告诉孩子一些经期卫生知识，提醒她注意个人卫生。例如，选用质量好的卫生巾，经期洗澡要淋浴，多吃温补食物，保持心境平和，避免心理压力过大等。

3. 遇到经期紊乱现象要冷静分析原因

如果遇到孩子经期紊乱现象，父母要冷静分析影响孩子经期紊乱的因素：如果是心理因素造成的，就需要关注孩子的心理状况；如果与经期卫生和饮食有关，就要提醒孩子注意卫生和饮食习惯；如果是与过量运动有关，就需要提醒孩子运动要适量。

4. 不提倡采用药物手段使月经提前或推迟

有时候孩子在月经期里有重大的考试，有的家长为了让孩子最大限度发挥出自己的考试水平，会让孩子吃药人为调整月经期。其实，考试期间，孩子的注意力高度集中在做题上，可能根本就忽略掉了月经的反应。如果人工调整月经期，其实是打破了孩子原本的自然周期，会影响孩子的内分泌平衡，出现另外一方面的不适感，反而会影响到孩子的考试。

5. 普及相关性知识，进行性伦理教育

要告诉初潮后的女孩子，与男孩交往要注意保持适当的距离，要自尊自爱，对自己和他人负责。父母要帮助孩子用健康的方式看待性，以及如何避免性骚扰等。父母还要做到在日常生活中传递爱和感情，这是对孩子进行性教育最好的活教材。性教育不仅仅是性知识的教育，更是性伦理教育，是对两性情感、婚姻关系的教育。

三、男孩的性教育

案 例

小西是一名小学五年级学生。有一天，妈妈偶然发现儿子浏览了许多不健康的网站，非常震惊，就将此事告诉了爸爸。但爸爸却说：“平时都是你管着小西，你去教育他就好了。”妈妈只好铁青着脸来到小西的房间：“小西，你才五年级，看这些乌七八糟的东西，你是想学坏吧？”

小西急忙争辩："我不是故意的！是查找英语作业时，弹出来的！我……我有点好奇……"妈妈用手狠狠戳着小西的脑袋："叫你好奇！这些东西不许看！你只要搞好学习就好了！"妈妈重重地关上了门。小西叹了口气，呆呆地坐在书桌前……

解析

父母是孩子性知识的启蒙者，父母在性教育中的作用是无可替代的，也有着不可推卸的责任。真心爱护自己子女的父母也应该把性教育当作一件很重要的事情来对待。父母应让孩子明白性知识和其他学科知识一样，都是知识，没什么神秘的。在性教育中，爸爸应是小西最好的老师。爸爸对男孩更容易进行性教育，爸爸应科学地告诉孩子，人体生殖系统的结构像身体的其他器官一样，都是构成身体的一部分。我们爱护它，就像爱护身体的其他器官一样。

案例中的妈妈生怕小西接触与"性"有关的东西，从而对小西进行批评。而孩子天生都有好奇之心，越是被父母禁止的东西，他们越是要一探究竟。因此，父母对孩子从小就要进行适当的、必要的性教育。如果父母盲目地干预孩子接触性文化和性知识，孩子不能从正当的渠道来获得性知识，就会与同伴交流，通过各种较隐蔽的渠道或者从不正当的途径获取信息，就很容易获得错误的性知识，甚至误导他们走上歧途。父母只有在思想上高度重视，不失时机地引领孩子正确地认识性、了解性，才能使孩子形成一个良好的、健康的性心理。

家教指导

青春期男孩的性教育，就是通过性生理、性心理和性伦理教育，让男孩科学地了解并处理好两性关系，培养男人的家庭责任感和社会责任感。

1. 爸爸是男孩性教育最好的老师

随着传播工具及网络的高速发展，信息的传播速度越来越快，传播面越来越广，孩子很容易接触到不良的信息。对于男孩的性知识启蒙，爸爸的教育尤其重要，应该主动向孩子传授。而且，最重要的前提是处理好父子关系，好的性知识启蒙需要在父子之间建立起信任与尊重的关系。另外，切不要认为性知识启蒙就是讲性技巧。作为爸爸也有必要更多地学习性知识，不仅仅提高自己对性的了解，在面对孩子的提问时也可以从适合的角度进行科学解答。

2. 教给孩子有关性的知识

生理知识是性教育最基本的内容。爸爸应教孩子正确认识性器官及其成长规律，让孩子知道青春期的身体变化，明白进入青春期后生殖器官会发育，第二性征就会出现。还要让孩子知道遗精是青春期男孩最重要的事件，是青春期男孩性成熟的一个标志，也是对男孩性心理影响最大的事件，让孩子知道如果身体出现以上的变化都是正常的。除了生理知识外，还应该让孩子懂得一些心理的变化。比如可能会喜欢异性，会关注自己的长相，还会希望异性关注自己，这些都是正常的现象。

3. 引导男孩学会承担责任

青春期性教育中最重要的是性伦理教育，主要是让男孩学会承担责任。告诉男孩喜欢一个女生就要尊重和爱护她，相互学习共同成长。以后长大了，就是成年男人了，如果和女孩谈恋爱就要承担责任，如果爱这个女孩就要保护她。如果不爱她就要委婉地拒绝她，不要伤害她。还要告诉孩子如果以后成家了，做丈夫、做爸爸的时候，要对妻子和孩子负责任，对家庭也要承担责任。

四、女孩的性教育

案　例

小丽是一名小学六年级的学生。有一天晚上，一家人吃完晚饭后一起聊天、看电视。电视里正在播放一部爱情影片，有个男女亲吻的镜头。小丽看见后有些不知所措，催促妈妈快点换台。看着已经长成大姑娘的女儿，妈妈很自然地说："不用换，没关系。"这事儿要是在以前，妈妈肯定不让女儿看，只是最近妈妈刚刚上了一堂家长学校的课，课程中讲解了很多青春期孩子教育的内容，尤其是要对孩子进行科学合理的性教育，否则不利于孩子健康成长。妈妈觉得这一点讲得很有道理，女儿就要进入青春期了，要对女儿进行科学有效的性教育。

解　析

随着社会的进步，有很多妈妈认识到了对青春期孩子进行性知识启蒙的重要性，但往往难以启齿，觉得这些是正常生理现象，孩子自己慢慢会懂的；又或是教育的方法不当引起孩子的反感，使性启蒙教育无法进行。这样一来，孩子就会自己想办法解决问题。比如，利用网络获取相关知识。但是，网络是把双刃剑，往往上网查找青春期资料时，出发点只是想解疑，但由于网络上不文明的东西很多，例如，不健康的网站、小说、录像等，孩子可以很容易地接触到一些不良信息，会对孩子的性启蒙教育产生负面影响。因此，如果父母不提前加以引导，或避而不谈与青春期有关的生理、心理和伦理知识，可能会影响孩子的成长。

青春期是女孩的一个重要发展时期，此时的女孩生理上会有明显的变化，如出现月经、乳房发育等，是明显区别于男孩的发育过程，这一过程也伴随着她们心理的巨大变化，如果教育不当，很容易让女孩产生自卑等心理，甚至影响她们未来的婚恋观。因此对青春期女孩的性教育，就是要通过性生理、性心理、性伦理等方面，让女孩科学面对自己的生理和心理变化，正确了解并处理两性关系。

家教指导

1. 科学解释性方面问题和困惑

当孩子问及有关性知识时，家长不应避而不答，而应予以适度解释。正因为孩子不知道，才产生好奇，想究根问底，家长应该满足孩子的好奇心，避免孩子受不良因素的误导。对于丽丽的反应，妈妈可以把握机会教一些性教育启蒙知识，让孩子走出“迷雾”。

2. 自尊自爱教育

家长应该明确告诉孩子，进入青春期，对异性有好感或被异性喜欢是正常的，如果被喜欢，说明在别人眼里自己是优秀的。但由于年龄还小，暂时不具备承担家庭责任的能力，而且长大后很多事情可能会发生改变，现在所做的决定往往是不成熟的。不过，做好朋友是可以的，但要把握好交往的尺度，学会自尊自爱。

3. 进行卫生保健教育

向孩子推荐某些性教育的书籍，或引导孩子观看性教育影片，直观地让孩子知道月经的基本知识，教给孩子一些经期的注意事项。在循序渐进的引导中，让孩子对自己的身体变化有更多的了解，使她学会更好地保护自己。

专题七
家庭沟通

小学中高段的孩子已经适应了小学的学习生活。他们开始参与学校的各种社会活动，发展自己的社会生存能力。这也是他们社会化的一个敏感期，在这个阶段，他们要接受来自人际关系、学业发展、情感发展、生活管理等各方面的挑战。孩子即将迎接的挑战也是家长们实施家庭教育的重点。

进入小学中高段，学习压力扑面而来，但学生和家长的时间、精力都是有限的，如何在有限的空间里发展更多的智能？孩子迈进社会，会遇到各种各样的人和事的挑战。他们会受委屈、被误解，会与小伙伴产生冲突……这都是他们人生中必须要过的一关，也是他们成长的良机。

家长与学校密切合作，陪伴孩子一起去经历，用成长性的思维方式去处理危机，可以提升他们的生存能力。

本专题围绕家庭沟通，选择与孩子在一起、个性化家教、建立良好家规、学会亲子沟通等专题，让家长了解沟通的重要性。同时，对家长如何进行家庭沟通给予指导，如帮助孩子有意识地了解时间的特性和价值，帮助孩子学会以恰当的方式表达负面情绪，让孩子拥有成长型思维等。

一、与孩子在一起

案例

静怡是一名小学五年级的学生，在班里担任小组长、课代表和卫生委员，工作踏实，认真负责。最近班里纪律涣散，尤其在自习课上，班主任要求班干部轮流检查纪律，并如实记录情况。静怡很认真地按教师的要求检查记录，却和同学们闹得不欢而散。放学回到家，静怡的情绪就不好，和爸爸没说几句话就哭起来。原来她把上课说话的同学名字记下来了。那些同学被教师批评后，埋怨静怡向教师打小报告。他们都是静怡的好朋友，平时大家一起嬉笑打闹惯了，所以在她负责自习课时就放松了许多，她几番劝阻不听才记下他们的名字。

爸爸认为这是一个帮助女儿提高管理能力和沟通能力的好机会。他给静怡分析了情况，给她讲了一堆道理。但是一向乖巧的静怡却不能接受，哭着说："都是我的错，行了吧！我什么也不想听！"爸爸的劝导也陷入了僵局。

解析

如果说家庭是孩子安全的港湾，那么学校就是孩子走向社会的试验场。对孩子来说，与成人的交往和与同龄人的交往是不同的，在与成人交往的过程中，他们往往处于被支配或从属的地位。但和小伙伴在一起时，他们的归属感和被尊重的需要就能比较充分地得到满足。

静怡十分珍视自己与小伙伴的友谊，这让她在同龄人中有归属感。所以，当她面临友情与纪律规定的两难境地时十分纠结。静怡是一个乖孩子，在与同伴的交往中可能会相对配合、被动一些，她也由此形成了一个照顾者和迎合者的自我概念。因而，一旦同伴之间发生嫌隙，她就有可能会产生恐惧、焦虑、孤独的感受，甚至由此带来严重的心理问题。因而，孩子的"朋友"跟成人人际交往中的“朋友”的意义和作用是不同的。父母只有站在孩子的角度理解“朋友”的重要意义，才能设身处地地看到孩子的困境。静怡的烦恼来自于她无法处理好理智与情感的矛盾。当遭遇了挫折和不公，悲伤的情绪自然发生，自责的情绪、后悔的想法也会时时影响着心理。对父母来说，此时接纳孩子的情绪比讲道理更为重要。

家教指导

小学中高年段的孩子的自我意识开始发展起来，他们很看重自己在他人眼中的形象，会争取平等对话的权利。父母此时要给予孩子更多的理解和支持，不妨关注以下几点。

1. 接纳和理解孩子的情绪

情绪是一种生命能量的体现，理解情绪比解决问题更重要。作为家长，在孩子处于两难之时，共情是首先要做的事情。先接纳孩子无助、迷茫的情绪，待到他慢慢平静下来，再一起想办法。家长可以耐心倾听，设身处地地理解孩子，帮助他接纳有负面情绪的自己。

2. 鼓励孩子准确表达情绪

小学中高年段孩子的语言表达能力已经发展得很好了。家长要鼓励孩子运用语言将自己的需求和情绪准确地表述出来。家长可以训练孩子依照以下三个步骤说出自己的心情和想法：（1）描述行为或具体事件；（2）如实表达自己的内心感受；（3）勇敢说出自己的期望。简而言之，就是用我看到（听到）、我觉得（感到）、我希望等语言，明确地向对方表达出自己的理解、感受和期待。这样能够帮助孩子以更为理性的方式表达自己的心情和想法。

3. 与孩子分享自己的经验

孩子虽小，但他们也能够通过从成年人那里获得经验，发现解决问题的办法。当孩子遇到问题时，家长不妨把自己以前经历的一些困境与孩子分享，问问他："你怎么看？如果你遇到这些问题，你会怎么解决呢？"同时，家长还可以与孩子一起探讨应对的方法。例如，可以对孩子说："这个方法挺好的，但是有些地方会不会有点不妥？还有没有别的办法？我有个想法，你看行不行？"在讨论中启发孩子。家长将自己放到与孩子同样的位置去共同体会，真正地"与孩子在一起"。

二、个性化家教

案 例

小北是一名小学五年级学生，在数学学习上比较吃力。看到其他同学的家长都给孩子报了各种辅导班，小北的妈妈很是焦虑："我的孩子是不是不能只跟着学校学，必须要报一个辅导班才能不被淘汰啊？"

小雨是一名小学六年级的学生，非常认真勤奋。近些日子他常常闷闷不乐，教师经过耐心开解才了解到，他的成绩一直名列班级前三，却自认为自己没有另外两名学生聪明，人家花10分钟就能够做完的题，他需要30分钟甚至更多时间才能完成。这种感觉对小雨的自信心打击很大，他很苦恼，也不知道如何和父母沟通交流这个问题。

解 析

社会是一个开放的系统，每个人的成长都会直接或间接地受到他人的影响。在人际交往中，我们总希望自己和别人一样，生活在一个群体中会让我们更有安全感。所以尽管我们心中有一个笃定的想法，如果身边不一样的声音多了，内心也会动摇。社会舆论会左右我们有时对事情的判断，改变我们的处事风格。我们也会将这些影响带回家，不知不觉用在对孩子的教育中。就如案例中小北的妈妈那样，不管她有多想让孩子自由地玩耍，可是看到周围的爸爸妈妈们把孩子送进一个又一个小圈子里“打造”着，她也就不由自主地要让自己的孩子和他们一样。

孩子上学后，他的社交圈子就逐渐从家庭转向学校。在学校中，孩子会关注同伴对自己的评价，关注自己在小伙伴中的位置。案例中的小雨就是这样，关注自己的成绩排名，虽然已经是排名前三了，但他仍然感到自己不如别人。这时候就需要家长引导孩子正确看待排名，正确看待自身的价值。

该不该上辅导班？要上哪个辅导班？怎样的学生才是好学生？我们怎样才能把孩子教育成人？这些思考是很多家长困惑的，大家迫切需要一个“标准”。然而，这个标准却是难以给出的。因为每个孩子都是独特的，他们有自己的发展轨迹，一刀切的评价是不公平的。

家教指导

教育是一件个性化的事情，无论是对孩子还是家长而言，无论是受教者还是施教者，都要秉持“因材施教”的原则，让孩子成为最好的自己。

1. 因材施教

事实上，放之四海而皆准的家庭教育方式并不存在。明智的父母应当依据孩子的个性、气质、兴趣与学习风格，结合孩子所需要学习的知识和成长目标因材施教，充分享受与孩子互动共进的乐趣。

2. 告别从众

进入小学中高段，父母应当注重孩子兴趣的培养，促进潜质发展，而不是盲目从众，跟风去报辅导班、兴趣班和各种训练营。家长只要明确教育方向，就能摆脱从众心理的支配，做一个淡定从容的家长。

3. 言传身教

父母要力争成为孩子最靠谱的导师，通过言传身教，赋予孩子智慧和勇气，帮助孩子增长知识、提升能力、适应社会。2016年12月12日，习近平总书记会见第一届全国文明家庭代表发表重要讲话时强调："家庭是人生的第一个课堂，父母是孩子的第一任老师。""广大家庭都要重言传、重身教，教知识、育品德，身体力行、耳濡目染，帮助孩子扣好人生的第一粒扣子，迈好人生的第一个台阶。"

三、建立良好家规

案例

小柏是一名小学三年级学生，爸爸是一个追求完美的人，对小柏的要求细致苛刻。比如，每天临睡前都要整理好书房里的学习用品，平时也经常对儿子发号施令："你怎么还在看电视！你怎么躺着看书！你怎么还在玩游戏！吃饭别出声！出门进门跟大人说一声！"可是时间久了，小柏开始不大听从指令了。于是爸爸就开始行使自己的惩罚权。这一天，爸爸一把将小柏手中的手机拽过来，语气强硬地训斥道："真不像话，做作业时三心二意，还玩手机！给我靠墙站着，二十分钟，不许动！"以后，面对儿子的调皮和不顺从，爸爸都是"格罚勿论，严惩不贷"。

解析

家庭是社会的基本细胞，是人生的第一所学校。良好的家风家教家规对儿童的成长成才至关重要。其中家规是显性的家庭文化，是可以较快达成共识且短时间内可以发挥作用的家庭教育要素。从某种程度上来说，家规反映了整个家庭的价值观，反映了一个家庭及其成员共同的理想信念和做人准则，是家庭成员进行价值判断的标准。

孩子的言行，能够体现出他所在家庭的家风、家教、家规。如果家长有着规律的生活习惯、积极向上的人生态度，那么必将带动孩子向上向善。如果一个家庭的家风散漫，那么家长就无法对孩子提出各种要求，期待孩子自律。因此，家长有责任建立并遵守家规，而且在制订家规的过程中，要让孩子充分参与其中，这样能更容易地让孩子遵守家规、承担责任。

案例中的爸爸建立了严格的家规，但没能考虑孩子的感受，态度强硬，因此在执行家规的过程中会被质疑、遭遇反抗。

家教指导

1. 依据实际情况制定良好家规

家规是指某个家庭或某个家族对子孙或族人立身处世、持家治业、待人接物的教诲与告诫。但“祖传”的家规有精华也有糟粕，家长要根据自己家庭情况以及当下的社会文化制定积极向上的家规。而且教育孩子最好的方法，就是要求孩子做到的，父母首先做到，这样才能让家规成为家庭成员自觉遵守的有效行为规则。

2. 运用家规培养孩子的规则意识

人的一生要经历家庭教育、学校教育、社会教育的洗礼，三者间既有差异又有统一性，互相影响，不可或缺。家庭是组成社会的基本单位，家庭的和谐与兴旺，某种程度上直接影响到社会和国家的安宁与稳定，家庭和谐是整个社会和谐的前提、保障和基础。良好的家规让孩子在成长的道路上有规可循，将来进入社会就知道要有规则意识和契约精神。

3. 运用家规增强孩子的责任担当

家庭中规则的建立不是父母控制孩子的手段，而是透过规则让孩子了解事物与事物、人与人、人与环境之间的边界，这样的了解会让孩子知道什么事可以做，什么事不可以做。

四、学会亲子沟通

案　例

婷婷今年上小学四年级了。有一天，她放学回家，发现妈妈正在看自己写的日记。她非常生气，就对妈妈大声地嚷道："谁叫你偷看我的日记的？！"说完一把抢回日记本。妈妈被吓了一愣，然后说："你这孩子怎么说话呢？妈妈是关心你啊，怕你遇到什么事情憋在心里不说出来而憋出毛病来。"婷婷非常气愤。从那以后，婷婷就开始了和妈妈的冷战，抽屉也上了锁，自己的房门挂上了"闲人免进"的牌子，吃完饭就回到自己的房间把门关上，不再出来和家人聊天。妈妈很生气，但更多的是伤心。她一直为自己这个优秀的女儿而自豪，并且她和女儿关系也很融洽，像朋友一样。可就因为一个日记本，一直以来温柔听话的女儿怎么就变得如此叛逆和陌生？她只是关心女儿，想了解她的思想动向，怕她遇到什么不好处理的事情。她现在很焦虑，不知道该怎样才能跟女儿和好如初，她更担心的是，以后女儿是不是什么事都不会和自己说了。

解　析

与成人一样，孩子享有隐私权，尤其到了小学中高年级，他们对世界的认知在不断增长，他们的感情世界逐渐变得丰富细腻，同时他们的自我意识也不断增强。这个年龄的孩子非常渴望独立与自由，婷婷就是非常典型的代表。因此，在看到妈妈偷看自己日记后，婷婷一反往常听话的表现，甚至有些过激，这样的反应也是可以理解的。妈妈虽然爱女心切，行为却越位了。

家教指导

作为父母，怎样才能真正走进孩子的内心呢？主要的几个关键词就是平等、尊重、信任、沟通。

1. 要选择合适的话题，用平等与尊重的态度交流

家长如果想和孩子有更多的话题和共同语言，就要更关心和了解孩子。比如，可以让孩子聊聊遇到了什么好事或者不顺心的事，也可以就最近准备一起做的事情聊聊计划，还可以跟孩子分享你工作中遇到的新鲜事或者困难，也可以问问孩子是否有特别想聊的话题。

2. 要给孩子足够的个人空间与信任

（1）每天为对方预留出一个半小时的特别时间来做亲子沟通；

（2）聊天时少批评、少指责，就事论事，多站在对方的角度考虑问题；

（3）如果孩子有独立的房间，父母进门前要敲门或者征询意见；

（4）孩子有困难要第一时间告诉父母。

总之，建立亲子间的信任不是一件容易的事情，这对

父母和孩子都是一个挑战。

3. 做好一个倾听者至关重要

做好一个倾听者，是创设支持性氛围的重要方式，也是家庭教育中促进儿童参与的重要手段。只要孩子愿意说，家长就应该做一个好的倾听者。在必要的时候给予认同、赞赏，让孩子感受到你很喜欢并且在认真听他的讲述。如果孩子需要的话，对于某些问题适当地给出建议，但要强调，给出的建议只是供他参考，希望他自己判断，并表现出你对他的信任。

专题八
父母成长

进入小学中高段，孩子迎来第二个身体发育的高速期，也就是通常所说的准青春期。他们渴望自由独立，对阻碍自我意识发展的外界因素都有一种排斥和反感。如果在此之前对孩子以控制为主，尚能勉强维持，到这个阶段无论如何都必须努力去认识和理解你的孩子。否则，亲子间的对抗将令父母身心俱疲，孩子也痛苦不堪。

良好的家庭教育首先要以充分尊重和沟通为前提。父母需要充分重视与孩子的沟通。特别需要把握好“严与宽、管与放”的尺度，要做既对孩子要求度高，又对孩子有高响应度的权威型家长。这一时期，孩子面临小升初带来的一系列压力，家长也很容易产生焦虑，如果不及时调整，很容易和孩子形成对抗关系。

本专题围绕升级教养方式、学会复盘冲突、调适亲子关系、克服自身焦虑等主题，指导家长如何提高自己的家教能力和素质，正确处理与孩子的冲突，与孩子共同成长。

一、升级教养方式

案 例

程程是一名小学五年级学生，最近迷上了看漫画，在家里总是捧着漫画书看。妈妈担心这么下去会影响学习，跟她反复谈过好几回，但是每一次程程嘴上答应得都挺好，过后还是照看不误。爸妈给的零花钱，她都省下来买了漫画书，还经常找同学借漫画书看，看漫画书比写作业的热情和专注度都要高很多。妈妈很着急，就跟爸爸商量对策，不料爸爸却说："你就是管得太多！等孩子长大了，自然就不看了！"妈妈也怕孩子因此跟自己不亲近，也开始睁一只眼闭一只眼。

直到有一天，妈妈收到了程程的班主任发来的微信，说女儿在语文课上偷看漫画书。教师没收以后，发现里面有暴力、色情等少儿不宜的内容，并且最近的小测验，程程的学习成绩明显下滑。妈妈真是又急又气，再放任不管的话就不行了。但对于这个事情，家长究竟应该怎么管才好呢？

解 析

小学中高段的孩子，身心开始发生巨大的变化，他们开始向青春期过渡，也就是通常所说的开始进入准青春期。这是孩子走向自立、自主的起始阶段，他们开始不太喜欢和父母交流，而更愿意跟自己的同龄人说心里话。但由于缺乏经验，他们对事物的判断还很不成熟，容易偏激，也容易出现偏差。这一时期尽管孩子有强烈的自主渴望，但同时更需要父母的关爱和引导。如果父母还觉得孩子事事都得听家长的，就只能起反作用，导致孩子和父母的关系更加疏远。

从幼童走向青春期，对孩子来说是一次成长的挑战，而对父母来说，同样也是一次挑战。父母要根据孩子在这一阶段的特点，顺应孩子的变化，升级自己的管理方式。为此，父母首先需要进行自我认知升级，要努力读懂孩子行为背后的心理动机。同时，要学习新的沟通技巧；学会分析孩子面临的问题，更多地关注孩子心灵的成长。

在上面这个案例中，五年级的程程迷上了漫画，妈妈出于对学习成绩的考虑而十分担心，爸爸则认为不要干涉过多，主张“顺其自然”，可以说两者都有一定的合理性，但也都有偏颇。首先，比起对孩子学习成绩的关注，父母应该更关心孩子的身心发展和价值观的形成。对于价值观尚不稳定的孩子来说，漫画书中的内容很容易对他们造成心理冲击而使其误入迷途。因此，当父母发现孩子沉迷于漫画的时候，需要做的第一件事是去搞清楚孩子阅读的究竟是什么，这些读物对孩子的人格发展有益还是有害，而非仅仅从是否影响考试成绩这个十分功利且狭隘的角度来考虑。其次，面对孩子不服管教时，家长不能事事都“顺其自然”。作为父母，必须在触及底线的事情上尽到自己的监护职责。此案例中，程程的爸爸的态度其实就是一种逃避责任的偷懒做法。这种“消极”应对的方式，看似给程程留下了“自由发展”的空间，实际上很可能导致她走很多不必要的弯路。

家教指导

面对孩子这个时期的变化，家长应做到以下几点。

1. 理解尊重，平等对话

父母应该在充分理解和尊重孩子的前提下，与孩子进行平等对话，对具体的问题展开充分的讨论。比如，如果孩子迷恋漫画，家长就需要先弄清楚孩子喜欢漫画的原因，然后可以就孩子喜欢的内容和孩子展开讨论。再比如，如果孩子对某位明星非常痴迷，最好不要对他横加指责，激起他的叛逆心理。而应该试着理解孩子，引导孩子思考这位偶像都有什么长处，最吸引他的地方是什么。这种思考可以让孩子更加理性和成熟。

2. 悉心呵护，严格管理

父母在教育过程中要给予这一时期孩子充分的成长空间，悉心呵护的同时又要对孩子进行严格管理。也就是说，给孩子充分的成长空间，让孩子自然而然地成长，并不意味着管得越少越好。这一时期，孩子会做出种种“越轨”的行为，某种程度上也是通过测试父母的底线，来找到他们行为的边界。如果父母不断退缩，毫无底线可言，孩子也会更加放肆，不知道到底哪些事情该做，哪些事情不该做。

3. 身心健康，全面关注

父母需要时刻牢记，一定不要把眼光仅仅盯在孩子的学习上，而要全面关心孩子身心的健康发展，尤其要关注孩子的心灵成长。这个时期的孩子，在心理上一方面还带有童年期的依赖性，另一方面又开始有了很强的自主独立意识。他们内心时常矛盾交织，充满不安和无助。因此，父母既不能去控制孩子，也不能因为孩子的抵触、不配合而放弃了解孩子的内心世界。更不能只关心孩子的学习，对其他事情不闻不问。父母要通过孩子的言行，去体会孩子内心世界的成长变化，学会升级自己的教养方式。

二、学会复盘冲突

案　例

同同是一名小学三年级学生。最近一段时间，妈妈为她写作业的事情苦恼不堪。妈妈希望孩子回家后做的第一件事情就是写作业，养成良好的学习习惯。经过反复沟通，同同答应了妈妈，以后回家先写作业再干别的。有一天，妈妈下班回到家，看到同同正在看电视，质问同同之后妈妈知道，同同作业还没写完。妈妈的脸一下沉了下来，“啪”地把电视机关了，冲着同同喊：“你都这么大了，还是管不住自己！你要再这样，一辈子没出息！”她把同同数落了一顿，越说越气，最后宣布：“从今天开始，你一个月都别想再看电视！”同同眼泪在眼眶里打转，脸蛋涨得通红，生气地嚷嚷：“你凭什么不让我看电视！我偏不写作业！你就是个老妖婆！”同同冲进自己的房间，“砰”地把门关上，一会儿传来了哭声。

解 析

父母跟孩子的相处中，不可避免地会发生冲突，这也是日常生活的一部分。每当孩子的表现不符合父母的期望，或者孩子的需求与父母的要求相抵触，难免就会“擦枪走火”。冲突可能会变为成长中的危机，但同样也可以成为机遇，这取决于父母和孩子能以什么样的方式来对待冲突。如果双方能在冲突过后，共同来复盘冲突的过程，厘清问题，寻找共识，那么无论对于孩子还是对于父母，都会是一次宝贵的成长经历。

案例中，同同的妈妈作为成年人，事后可以主动引导孩子进行复盘和梳理。只有坦然地正视冲突、直面问题，才可能从中收获智慧。在跟孩子发生冲突后勇于并善于复盘，父母就能化“危”为“机”，帮助孩子的同时也帮助自己成长。

家教指导

与孩子发生冲突后，家长要及时反省自己，正确处理冲突。

1. 学会与自己对话

首先，要看清自己的感受。父母情绪失控，看起来是由孩子的“不良”言行引起的，其实孩子的言行通常只是“导火索”，因为父母内在累积了由各种焦虑构成的“干柴堆”，才最终会被“点爆”。

其次，父母需要设身处地去体会孩子的视角。妈妈需要去思考：孩子为什么难以遵守“必须写完作业才能看电视”的规定？是否因为这个规定的制订更多是父母单方面的意愿而孩子的意愿没有被充分尊重和体现呢？……

最后，父母还可以再审视一下，自己的教育方式与教育目标是否吻合。妈妈希望孩子能有自主性和自我管理能力，但在写作业和看电视的时间协调上，孩子其实没有自主、灵活选择的空间，这样的做法显然与教育目标是背道而驰的。

2. 学会与孩子对话

父母需要接受这样一个事实：当我们被情绪控制，我们的言行往往会不同程度地伤害孩子。与孩子对话，既是一种修复亲子关系的努力，也是亲子共同成长的必经之路。案例中，同同的妈妈可以在当天晚些时候或者第二天，主动去跟同同沟通。例如，沟通大体可以分成三个步骤。第一步先回应孩子的情绪和感受："你一定很生气吧？电视看得正高兴，被我关了，还听到我冲你嚷嚷，确实是件让人不愉快的事情。"这样让孩子感到父母对他的理解，而愿意向父母说出自己的想法。第二步要倾听孩子的想法，弄清楚是什么在困扰孩子，出于什么原因他打破了事先的规定。第三步，跟孩子一起协商解决方案。协商的过程要充分保证孩子的参与，尊重他的意见。

三、调适亲子关系

案例

小娟是一名小学四年级学生。妈妈是一位小学数学老师，女儿就在她工作的学校上学。妈妈对小娟要求很严格，跟女儿的交流往往简单粗暴。小娟如果有课业方面的问题请教她，她就首先质问孩子："你又没认真听老师讲课吧？"结果就是女儿的提问越来越少。有一天，班主任告诉妈妈，小娟的数学考试成绩不及格。此后，为了提高女儿的成绩，妈妈还给班主任打招呼，如果发现女儿上课开小差，一定要告诉自己；她还不时到女儿教室外面“露露脸”，故意让女儿看见；考试成绩不好，就买更多的辅导资料，增加更多的家庭辅导时间……但结果事与愿违，在这样变本加厉的严加管教之下，小娟的成绩并没有多大进步。更让她震惊的是，在一次考试中，女儿故意没有答完卷子，试图以这种方式反抗妈妈长期以来的严苛管教。面对孩子的这种情况，家长应该怎么办才好呢?

解 析

在一般人心目中，对孩子管严一点更好，却很少具体去分析，严管究竟应该怎么个“严”法。像案例中的这位身为小学教师的母亲，的确对孩子管得很严，但这种“严”，其实是一种对孩子的控制。在这种“严”里，她看不见女儿的需求，这种“严”有害无益。

美国心理学家黛安娜·鲍姆林德从两个维度把亲子关系分为四种类型。第一个维度叫“响应度”，指父母给孩子的支持程度，包括情感上的同情、接纳和支持。第二个维度叫“要求度”，指父母对孩子的行为予以要求和管束的程度。根据两个维度可以将亲子关系分为四种类型：第一种是“权威型”，父母对子女的“要求度”很高，实行高控制，但与此同时，父母对孩子的“响应度”也很高，倾听孩子的意见和想法，亲子之间有良好的沟通。一般来说，“权威型”的亲子关系，最有可能培养出优秀孩子。第二种是“独裁型”，父母对孩子“要求度”非常高，对孩子进行严格的控制和管理，但“响应度”却很低，不采纳孩子的任何想法，也很少与孩子交流。独裁型父母往往很重视自己的威信，对孩子较为冷漠，结果导致孩子只是害怕父母，其行为却很难完全与家长的目标一致。第三种是“宽容型”，父母对孩子“要求度”低，宽松、宠爱，很少用权威或规则来管束孩子，而“回应度”高，经常和孩子讲道理，沟通交流。第四种是“放任型”，父母对孩子的“要求度”和“回应度”都很低，父母不关心孩子的成长教育，与孩子缺少交流，亲子间感情冷漠，思想上多有隔阂。这样的孩子心智发展会受到阻碍，同时又容易受到不良环境的影响。在某种意义上说，这是最糟糕的一种类型，见图7–1。

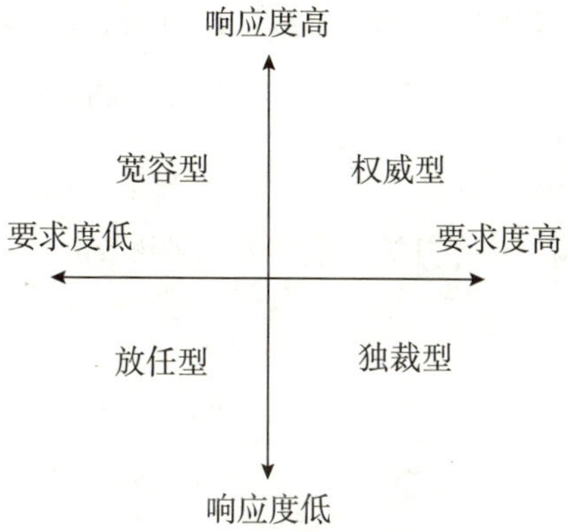

图7–1　亲子关系类型

前面说到的这位妈妈与孩子的关系，就属于独裁型，妈妈的“要求度”很高，对孩子的“回应度”很低，对孩子情感上的理解、接纳、温暖很少。孩子始终在压力下成长，就容易变得羞怯，交友困难，学习没有主动性，最后无声地反抗。这位母亲最大的错误在于，她以为只要按自己的方式严格管教，孩子就能朝着她期望的方向进步。她没有考虑到，只有“高要求”而无“高回应”的亲子关系，带给女儿的，不仅有学业上的压力，更有人格上的贬低，随意指责带给孩子的感受是不信任，随意惩罚则让孩子感到不被尊重。

家教指导

鲍姆林德对亲子关系类型的划分启发我们，在对孩子“宽”与“严”、“放”与“管”的问题上，我们要坚持两个“高”标准，即“高要求”和“高回应”并存，对孩子严格要求，同时一定要倾听孩子的心声，理解孩子的感受，接受孩子的想法，前者是“严”和“管”，后者是“宽”与“放”。

1. 把握好严、宽、管、放之间的关系

在教养孩子的过程中，家长必须坚持严与管，同时也必须有适当的宽与放，二者相互平衡。父母要对自己孩子的成长，做到心中有数。在对孩子提出严格要求的同时，更要努力了解并尊重孩子的真实感受，回应孩子的真实需求。比如，父母要求孩子的学习成绩名列前茅，那么首先要问一问自己，你给他提供了足够的学习条件了吗？你的要求究竟是给孩子带来了动力，还是带来了心理压力？对成绩名列前茅这件事情，孩子究竟是怎么想的？对于即将步入或正在步入青春期的孩子来说，把握好严与宽、管与放之间的关系尤为重要。

2. 给予孩子一个既有自由又有规则的空间

在教育孩子的过程中，父母要对孩子提出合理的要求，树立各种规则和界限，同时也要善于发现孩子的成长需求，把握好二者的平衡。让孩子在既有自由又有规则的空间中成长。

四、克服自身焦虑

案例

小小是一名小学三年级学生。最近好多天，妈妈的心情都很沉重。原来是前些日子，妈妈参加了一场同学聚会，在聚会上大家都三句话不离孩子。小小的妈妈了解到，同学的孩子当中，有的已经通过了钢琴十级，有的被评上市级三好学生，有的在全国性比赛上获奖…… 饭桌上，同学们都在交流各自给孩子报了什么课外辅导班。这几天，妈妈冲小小发火的次数明显增多了。她心想，自己这样下去不会真把孩子耽误了吧！她觉得再也不能“袖手旁观”了，准备去考察课外辅导班。并且，她决心跟孩子好好谈一次，一定要让他充分知道现实竞争的压力，并且做好拼搏的心理准备。

解析

本案例中，小小的妈妈看到很多家长都在校外生活上加压，因此开始怀疑自己的教育方法，害怕孩子输在起跑线上。父母过度焦虑的直接后果，可能就是在不知不觉中将焦虑转嫁给孩子。许多父母为了缓解自身的焦虑，试图让孩子做出改变。可是这样一来，孩子自主成长的空间就不可避免地被挤压了。

家教指导

在面对焦虑时，父母应尝试从以下几点入手。

1. 明确内心焦虑来源

焦虑是外界的环境作用于家长内心而产生的反应，需要家长自己来消化，而不要转嫁到孩子身上。适量的、恰当的焦虑有助于催人奋进，但过量的、不恰当的焦虑，只会驱使人做出非理智的决策和选择。

2. 接纳焦虑和平共处

思考自己的焦虑究竟来源于哪些心理活动和观念。比如，如果一个人不能“成功”，是不是真的就失去了个人价值呢？孩子真的有起跑线吗？我们担心孩子不够“优秀”，是不是其实是因为怕别人评判我们作为父母不优秀，让我们觉得没面子？我们的自我价值感和自我认同，是否跟外在评价标准绑定在一起了呢？等等。

3. 远离焦虑回归本真

当我们心里装满过度的焦虑，就没有更多的空间去发现和欣赏孩子。每个生命自有令人惊喜之处，但是如果我们戴上了焦虑这副“有色眼镜”，就看不到孩子的独特性了。而孩子面对这副“有色眼镜”，会感到他的自我不被父母认同和接纳，生命的活力也难以充分绽放。

附录1

家长家庭教育基本行为规范*

第一条 依法履行对未成年子女的监护职责，承担家庭教育主体责任，坚持立德树人，树牢“家庭是人生的第一个课堂，父母是孩子的第一任老师”理念。

第二条 注重家庭、注重家教、注重家风，构建平等民主和谐的家庭关系，营造相亲相爱的家庭氛围，弘扬向上向善的家庭美德，为子女健康成长创造良好家庭环境。

第三条 保护子女合法权利，尊重子女独立人格，注重倾听子女诉求和意见，不溺爱，不偏爱，杜绝任何形式的家庭暴力，根据子女年龄特征和个性特点实施家庭教育。

第四条 注重子女品德教育，引导子女爱党、爱国、爱人民、爱社会主义，形成尊老爱幼、明礼诚信、友善助

* 全国妇联、教育部于2020年8月24日印发。

人等良好道德品质，遵守社会公德，增强法律意识和社会责任感，养成好思想、好品行、好习惯。

第五条　教育引导子女养成良好学习习惯，提升自主学习能力，保护子女的好奇心和学习兴趣，理性帮助子女确定成长目标，不盲目攀比，不增加子女过重课外负担，用德智体美劳全面发展的眼光评价子女。

第六条　促进子女身心健康发展，保证子女营养均衡，科学运动，睡眠充足，身心愉悦，帮助子女形成阳光心态、磨炼坚强意志、锻炼强健体魄，保持良好生活习惯，有针对性进行性健康和青春期教育，增强孩子自我保护的意识和能力。

第七条　培养子女健康的审美情趣和审美能力，引导和鼓励子女亲近大自然，参加社会实践和公益活动，善于发现美、欣赏美、创造美，陶冶高尚情操，提升文明素质。

第八条　教育引导子女树立正确的劳动观念，参加力所能及的劳动，在出力流汗中体会劳动创造美好生活，提高生活自理能力，养成良好劳动习惯。

第九条　注重自身言行，在日常生活中做到爱岗敬业，诚信友善，孝老爱亲，遵纪守法，为子女树立良好的榜样，与子女共同成长进步。

第十条　积极参与家校合作和社区活动，尊重教师和社区工作者，理性表达合理诉求，用好各类教育资源，在家庭、学校、社会协同育人中发挥作用。

附录2

全国家庭教育指导大纲（修订）*

为深入贯彻习近平总书记关于家庭教育的重要指示精神，落实全国教育大会精神，按照新时代党和政府对家庭教育以及未成年人思想道德建设工作的部署和要求，进一步深化家庭教育指导服务，提高全国家庭教育总体水平，促进儿童全面健康成长，依据《中华人民共和国宪法》及《中华人民共和国未成年人保护法》等相关法律法规，修订《全国家庭教育指导大纲》（以下简称《大纲》）。

一、适用范围

《大纲》适用于各级各类家庭教育指导机构、相关职能部门、社会团体、宣传媒体和家庭教育指导者，对新婚

* 全国妇联、教育部、中央文明办、民政部、文化和旅游部、国家卫生健康委员会、国家广播电视总局、中国科学技术协会、中国关心下一代工作委员会于2019年5月14日联合印发。

夫妇、孕妇、18岁以下儿童家长（父母或其他监护人）开展的家庭教育指导服务行为。

二、指导原则

家庭教育指导是指相关机构和人员为提高家长教育子女能力而提供的专业性支持服务和引导。家庭教育指导工作应坚持以下基本原则。

1. 思想性原则。遵循党的教育方针，以促进儿童全面健康成长为目标，以立德树人为根本任务，通过实施科学的家庭教育指导，推进家庭教育在培养德智体美劳全面发展的社会主义建设者和接班人中发挥重要基础作用。

2. 科学性原则。遵循家庭教育规律，为家长提供科学化、专业化、规范化的指导服务，家庭教育指导机构和指导者应具备相应的专业资质和能力。

3. 儿童为本原则。尊重儿童身心发展规律和个体差异，创设适合儿童成长的必要条件，保护儿童各项权利，促进儿童自然、全面、充分、个性发展。

4. 家长主体原则。确立为家长服务、提供支持的观念，尊重家长意愿，坚持需求导向，调动家长参与的积极性；引导家长注重提升自身素质，注重家庭建设和良好家风传承，促进亲子互动共同提高。

三、核心理念

1. 家庭教育是学校教育和社会教育的基础。家庭是人生的第一所学校，家长是孩子的第一任老师，家庭生活中父母对儿童的教育和影响，对其良好行为习惯、思想品德、价值观的形成，健全人格培养等都具有基础性作用。

2. 家庭教育重在教孩子如何做人。家庭教育要从养成良好习惯开始，逐步培育儿童正确的价值观，培养儿童热爱党、热爱祖国、热爱人民、热爱中华民族，明礼诚信、勤奋自立、友善助人、孝亲敬老等良好思想品德，增强儿童法律意识和社会责任感，使儿童养成好思想、好品德、好习惯、好人格，培养儿童与他人、与社会、与自然和谐相处的能力。

3. 家长是家庭教育的责任主体。家长在家庭教育中负有主体责任，要依法依规履行对子女的监护职责和抚养教育义务，了解监护人法定权利和义务，学习家庭教育知识，掌握家庭教育理念和方法，提升科学实施家庭教育的能力。

4. 家庭教育是家长和儿童共同成长的过程。家长素质是影响家庭教育的重要因素，家长应当努力做到举止文明、情趣健康、敬业进取、言行一致、好学善思，自觉践行社会主义核心价值观，以健康的思想、良好的品行教育影响儿童。

5. 家庭建设是家庭教育的重要保障。家庭要倡导尊老爱幼、夫妻和睦、勤俭持家、亲子平等、邻里团结的家庭美德，创建民主、文明、和睦、稳定的家庭关系。家庭成员要共同构建优秀家庭文化、传承良好家风，为儿童健康成长营造和谐的家庭环境。家长要学会优化家庭生活，为儿童提供健康向上、丰富多彩的活动。

6. 尊重儿童成长规律是家庭教育的前提。儿童期是人生的重要阶段，有其发展规律，家长在实施家庭教育时不能违背儿童成长规律。儿童成长既有共性也有个性，家庭教育要依据儿童成长特点，采取科学的教养方式。

7. 尊重和保护儿童权利是家庭教育的基础。儿童是独立的权利主体，有生命权、健康权和获得基本生活保障的权利，有充分发展其全部体能与智能的权利；有享有国家、社会、学校、家庭保护，不受歧视、虐待和忽视的权利；有参与家庭和社会生活并就影响他们生活的事项发表意见的权利，实施家庭教育要尊重和保护儿童的各项权利。

8. 家庭、学校、社会是促进儿童健康成长的共同体。家长要认识到家校社协同育人的重要意义，主动参与家校社协同教育，尊重教师，理性表达诉求，积极沟通合作，保持开放心态，引导儿童正确认识各种现象，科学合理利用各种教育资源，促进儿童健康成长。

四、分阶段指导内容及要求

儿童发展既有连续性又有阶段性，家庭教育指导服务应依据儿童在不同发展阶段的特点开展。

（一）新婚期及孕期的家庭教育指导要点

1. 做好怀孕准备。鼓励备孕夫妇学习优生优育优教的基本知识，并为新生命的诞生做好思想上、物质上的准备。引导备孕夫妇参加健康教育、健康检查、风险评估、咨询指导等专项服务。对于不孕不育者，引导其科学诊断、对症治疗，并给予心理辅导。

2. 注重孕期保健。指导孕妇掌握优生优育知识，配合医院进行孕期筛查和产前诊断，做到早发现、早干预；避免烟酒、农药、化肥、辐射等化学物理致畸因素，预防病毒、寄生虫等生物致畸因素的影响；科学增加营养，合理作息，适度运动，进行心理调适，促进胎儿健康发育。对于大龄孕妇、有致畸因素接触史的孕妇、怀孕后有疾病的孕妇以及具有其他不利优生因素的孕妇，督促其做好产前医学健康咨询及诊断。

3. 提倡自然分娩。指导孕妇认识自然分娩的益处，科学选择分娩方式；认真做好产前医学检查，并协助舒缓临盆孕妇的焦虑心理。帮助产妇做好情绪调节，预防和妥善应对产后抑郁。

4. 做好育儿准备。指导准家长学习育儿基本知识和方法，购置新生儿生活必备用品和保障母婴健康的基本用品；做好已有子女对新生子女的接纳工作；妥善处理好生育、抚养与家庭生活、职业发展的关系；统一家庭教育观念，营造安全、温馨的家庭环境。

（二）0—3岁儿童的家庭教育指导

1. 0—3岁儿童的身心发展特点

这是儿童身心发展最快的时期。儿童的身高和体重迅速增长，神经系统结构发展迅速；感知觉飞速发展；遵循由头至脚、由大动作至小动作的发展原则，逐步掌握人类行为的基本动作；语言能力迅速发展；表现出一定的交往倾向，乐于探索周围世界；对家长有强烈依赖感；道德发展处于前道德期。

2. 家庭教育指导内容要点

（1）提倡母乳喂养。指导乳母加强乳房保健，在产后尽早用正确的方法哺乳；在睡眠、情绪和健康等方面保持良好状态，科学饮食，增加营养；在母乳不充分的阶段采取科学的混合喂养，适时添加辅食。

（2）鼓励主动学习儿童日常养育和照料的科学知识与方法。引导家长让儿童多看、多听、多运动、多抚触，带领儿童开展适当的运动、游戏，增强儿童体质。指导家长按时为儿童预防接种，培养儿童健康的卫生习惯，注意科学的饮食调配；配合医疗部门完成相关疾病筛查，做好儿童生长发育监测，学会观察儿童，及时发现儿童发展中的异常表现，及早进行干预；学会了解儿童常见病的发病征兆及应对方法，掌握病后护理常识；了解儿童成长的特点和表现，学会倾听、分辨和理解儿童的多种表达方式。

（3）制订生活规则。指导家长了解儿童成长规律及特点，并据此制订日常生活规则，按照规则指导儿童的行为；采用鼓励、表扬等正面教育为主的方法，培养儿童健康生活方式。

（4）丰富儿童感知经验。指导家长创设儿童充分活动的空间与条件，充分利用日常生活环境中的真实物品和现象，让儿童在爬行、观察、听闻、触摸等活动过程中获得各种感知经验，促进感官发展。

（5）关注儿童需求。指导家长为儿童提供抓握、把玩、涂鸦、拆卸等活动的机会、工具和材料，用多种形式发展儿童的小肌肉精细动作和大肌肉活动能力；分享儿童的快乐，满足儿童好奇、好玩的认知需要，激发儿童想象力和好奇心。

（6）提供言语示范。指导家长为儿童创设宽松愉快的语言交往环境，通过表情、肢体、语言等多种方式与儿童交流；提高自身语言表达素养，为儿童提供良好的言语示范；为儿童的语言学习提供丰富的机会，运用多种方法鼓励儿童表达；积极回应儿童，鼓励儿童之间的模仿和交流。

（7）提高安全意识。提高家长有效看护意识和技能，指导家长消除居室和周边环境中的危险性因素，防止儿童意外伤害发生。

（8）加强亲子陪伴。指导家长认识到陪伴对于儿童成长的重要性，学会建立良好的亲子依恋关系，不用电子产品代替家长陪伴儿童，多与儿童一起进行亲子阅读；学习亲子沟通的技巧，与儿童建立开放的沟通模式；关注、尊重、理解儿童的情绪，合理对待儿童过度情绪化行为，有针对性地实施适合儿童个性的教养策略，培育儿童良好情绪；处理好多子女家庭的亲子关系、子女间的关系，让每个儿童都得到健康发展。

（9）重视发挥家庭各成员角色的作用。指导家长积极发挥父亲在家庭教育中的作用；了解父辈祖辈联合教养的正面价值，适度发挥祖辈参与的作用；引导祖辈树立正确的教养理念。

（10）做好入园准备。指导家长认识儿童社会性发展的重要性，珍视幼儿园教育的价值。入园前，指导家长有意识地培养儿童一定的生活自理能力及对简单规则的理解能力；入园后，指导家长与幼儿园教师积极沟通，共同帮助儿童适应入托环境，平稳度过入园分离焦虑期。

（三）3—6岁儿童的家庭教育指导

1. 3—6岁儿童的身心发展特点

这是儿童身心快速发展的时期。儿童的身高和体重稳步增长，大脑、神经、动作技能等获得长足的进步；自我独立意识增强，开始表现出一定兴趣、爱好、脾气等个性倾向；初步具备自我情绪调节能力；愿意与同伴交往，乐于分享；学习能力开始发展，语言表达能力强；依恋家长，会产生分离焦虑；处于道德他律期，独立性、延迟满足能力、自信心都有所发展。

2. 家庭教育指导内容要点

（1）积极带领儿童感知家乡与祖国的美好。指导家长通过和儿童一起外出游玩、观看影视文化作品等多种形式，了解有关家乡、祖国各地的风景名胜、著名建筑、独特物产等；适时向儿童介绍国旗、国歌、国徽的含义，带领儿童观看升国旗、奏国歌等仪式，培育儿童对家乡和祖国的朴素情感。

（2）引导儿童关心、尊重他人，学会交往。指导家长培养儿童尊重长辈、关心同伴的美德；关注儿童日常交往行为，对儿童的交往态度、行为及时提供帮助和辅导；结合实际情境，帮助儿童理解他人的情绪，了解他人的需要，做出适当的回应；引导儿童学会接纳差异，关注他人的感受；培养儿童多方面的兴趣、爱好和特长，增强儿童与人交往的自信心；经常带儿童接触不同的人际环境，为儿童创造交往机会，帮助儿童学会与同伴相处。

（3）培养儿童规则意识，增强社会适应性。指导家长结合儿童生活实际，为儿童制订日常生活规范、游戏规范、交往规范，遵守家庭基本礼仪；要求儿童完成力所能及的任务，培养责任感和认真负责的态度；有意识地带儿童走出家庭，接触丰富的社会环境，提高社会适应性；在儿童遇到困难时以鼓励、疏导的方式给予必要的帮助与支持。

（4）加强儿童营养保健和体育锻炼。指导家长积极带领儿童开展体育活动；根据儿童的个人特点，寻找科学合理又能被儿童接受的膳食方式；科学搭配儿童饮食，做到营养均衡、比例适当、饮食定量、调配得当；科学管理儿童的体重，学习关于儿童营养的科学知识；与儿童一起制订合理的家庭生活作息制度，培养儿童良好的生活和卫生习惯；定期带儿童做健康检查。

（5）丰富儿童感性经验。指导家长重视生活的教育价值，为儿童创设丰富的教育环境，带领儿童关心周围事物及现象，多开展接触大自然的户外活动，参观科技馆、博物馆、美术馆等，开阔儿童的眼界，丰富儿童的感性经验；尊重和保护儿童的好奇心和学习兴趣，支持和满足儿童通过直接感知、实际操作和亲身体验获取经验的需要，避免开展超出儿童认知能力的超前教育和强化训练。

（6）提高安全意识。指导家长尽可能消除居室和周边环境中的危险性因素；结合儿童的生活和学习，在共同参与的过程中对儿童实施安全教育；重视儿童的体能素质，提高其自我保护能力，减少儿童伤害。

（7）培养儿童生活自理能力和劳动意识。指导家长鼓励儿童做力所能及的事情，学习和掌握基本的生活自理方法，参与简单的家务劳动，在生活点滴中启发儿童的劳动意识，保护儿童的劳动兴趣。

（8）科学做好入学准备。指导家长重视儿童幼儿园与小学过渡期的衔接适应，充分尊重和保护儿童的好奇心和学习兴趣，帮助儿童形成良好的任务意识、规则意识、时间观念，学会控制情绪，能正确表达自己的主张，逐步培育儿童通过沟通解决同伴问题的意识和能力；坚决抵制和摒弃让儿童提前学习小学课程和教育内容的错误倾向。

（四）6—12岁儿童的家庭教育指导

1. 6—12岁儿童的身心发展特点

这一阶段儿童的生理发展处在相对平稳、均衡的时期，入学学习是儿童生活中的一个重大转折。儿童的身高和体重加速发展；大脑仍在持续快速发展，以具体思维为主，逐步向抽象思维过渡；情绪总体稳定，偶有较大波动；个人气质更加明显；能逐步客观进行自我评价，注重权威评价；社会交往能力增强，开始有较为稳定的同伴关系；学习能力逐步提高，学习策略逐步完善；自理能力增强。

2. 家庭教育指导内容要点

（1）培养儿童朴素的爱国情感。指导家长重视优秀传统文化的价值，了解家乡特色习俗和中华民族的共同习俗，过好中国传统节日和现代公共节日；开展家国情怀教育，多给儿童讲述仁人志士的故事、中华民族传统美德、国家发展的成就等；指导儿童写好中国字，说好中国话；初步了解优秀传统文化的内涵，培养儿童作为中华民族一员的归属感和自豪感。

（2）提升儿童道德修养。指导家长提升自身道德修养，处处为儿童做表率，结合身边的道德榜样和通俗易懂的道德故事，培养儿童良好的道德行为习惯；创设健康向上的家庭氛围；与学校、社会形成合力，净化家庭和社会文化环境；从大处着眼，从小事入手，及时抓住日常生活事件教育儿童孝敬长辈、尊敬老师，学会感恩、帮助他人，诚实为人、诚信做事。

（3）培养儿童珍惜生命、尊重自然的意识。指导家长将生命教育纳入生活实践中，带领儿童认识自然界的生命现象，帮助儿童建立热爱生命、珍惜生命、呵护生命的意识；抓住日常生活事件，增长儿童居家出行的自我保护意识及基本的自救知识与技能；引导儿童树立尊重自然、顺应自然、保护自然的发展理念，养成勤俭节约、低碳环保的生活习惯。

（4）培养儿童良好的学习习惯。指导家长注重儿童学习兴趣的培养，保护和开发儿童的好奇心，鼓励儿童的探索行为；引导儿童形成按时独立完成任务、及时总结、不懂善问的习惯，成为学习的主人；正确对待儿童的学习成绩，设置合理期望，不盲目攀比；用全面和发展的眼光看待、评价儿童，增强儿童学习信心。

（5）培养儿童健康的生活习惯。指导家长科学安排儿童的饮食，引导儿童养成健康的饮食习惯；培养儿童关注个人卫生和环境卫生，养成良好的卫生习惯；培养儿童良好作息习惯，保证儿童睡眠充足，每日睡足10小时；为儿童提供良好的学习环境，注意用眼卫生并定期检查视力；养成科学用耳习惯，控制耳机等娱乐性噪声接触，定期检查听力；引导并督促儿童坚持开展体育锻炼，培养一两项能够终身受益的体育爱好；配合卫生部门定期做好儿童健康监测。

（6）培养儿童的劳动习惯。指导家长正确认识劳动对儿童成长的价值；坚持从细微处入手，提高儿童的生活自理能力，养成生活自理的习惯；给儿童创造劳动的机会，教授儿童一定的劳动技能，培养劳动热情，树立劳动创造价值的观念；根据儿童的年龄特征、性别差异、身体状况等特点，安排适度的劳动内容、时间和强度，做好劳动保护；让儿童了解家庭收支状况，适度参与家庭财务预算，视家庭经济状况和儿童的年龄给适量的零用钱，引导儿童合理支配零用钱，形成正确的消费意识。

（7）积极参与家校社协同教育。指导家长主动与学校沟通联系，了解儿童在学校的学习、生活情况，与学校共同完成相应的教育活动，提高儿童的学习效果；参与学校的家长委员会、家长学校、家长会活动以及亲子活动等，自觉接受家庭教育指导；积极参与学校管理，主动根据需要联系社会资源，与学校共创良好育人环境。

（五）12—15岁儿童的家庭教育指导

1. 12—15岁儿童的身心发展特点

这是儿童从童年向成年的过渡期。儿童的生殖器官逐步发育，出现性冲动和性好奇；整体身体素质好；大脑发展迅速，抽象思维能力增强，记忆和观察水平不断提高；自尊心强，重视外表，建立自我同一性成为本阶段儿童最重要的任务；情绪波动大，敏感易怒，容易有挫折感，情感内隐；易和家长产生冲突；重视同伴交往及其评价，对父母依恋减少；责任心增强，自我控制能力有明显发展。

2. 家庭教育指导内容要点

（1）重视价值观教育。指导家长理解、践行社会主义核心价值观，以身作则，为儿童树立榜样；结合发生在家庭、学校和社会的事件开展价值观教育，培育儿童正确的思想观念和价值取向；通过儿童喜闻乐见的方式，讲好中国故事，用爱国主义激发儿童的梦想，让儿童能够结合自己的现实和未来，自觉践行爱国、敬业、诚信、友善等价值准则；让儿童学习正确认识与分析问题，分辨是非。

（2）重视儿童青春期人格发展。指导家长认识青春期儿童发展特征，不断调整教养方式；帮助儿童悦纳自我；尊重儿童自主意愿，鼓励儿童独立思考与理性表达；培养儿童应对挫折适应环境的能力和坚毅品格；引导儿童以合理的方式宣泄情绪，积极调控心理，自主自助，预防和克服各种可能产生的青春期心理障碍；正确对待儿童"叛逆"行为。

（3）增强儿童学习动力。指导家长帮助儿童树立正确的学习目标，将学习的外在动力转化为内在动力；培养儿童勤奋学习、持续学习的意志力；重视儿童学习方法和学习习惯的养成，帮助儿童形成制订合理的学习计划的能力；指导儿童正确应对学习压力，克服考试焦虑，在儿童考试受挫时鼓励儿童。

（4）提高儿童信息素养。指导家长正确认识媒介对儿童的影响，掌握必要的信息知识与方法；了解儿童使用各种媒介的情况，培养儿童对信息的是非辨别能力和加工能力；鼓励儿童在使用网络等媒介的过程中学会自我保护、自我尊重、自我发展；丰富儿童生活，规范上网行为，预防网络依赖；了解网络沉溺标准，能够在专业机构和人员的帮助下，指导儿童戒除网络沉溺行为。

（5）对儿童进行性教育。指导家长充分了解青春期生理卫生知识，对儿童开展适时、适度的性教育，让儿童了解必要的青春期知识，认识并适应身体的生理变化；开展科学的性心理辅导，对儿童进行与异性交往的指导；加强对儿童的性道德教育，帮助儿童认识到对性健康和生殖健康应当采取负责任的态度和行为。

（6）构建良好的亲子关系。指导家长与儿童平等相处，理解儿童自主愿望，保护儿童隐私权；学会倾听儿童的意见和感受，学会尊重、欣赏、认同和分享儿童的想法；学会运用民主、宽容的语言和态度对待儿童，促进良性亲子沟通。

（7）重视生涯规划指导。指导家长正确认识自己的孩子，帮助儿童客观认识自我，勇于面对现实，保持信心；支持儿童参与志愿服务、研学等社会实践活动，协同学校合理安排儿童进行一定的农业生产、工业体验、服务业实习等劳动实践，引导儿童加深对各种职业的了解；协助儿童综合分析学业水平、兴趣爱好，并根据个性特征合理规划未来；宽容对待儿童在做自我选择时与家长的分歧。

（六）15—18岁儿童的家庭教育指导要点

1. 15—18岁儿童的身心发展特点

这一阶段的儿童已经进入青春中后期。儿童在外貌上与成人接近，身体各器官逐步发育成熟，发育进入相对稳定期；认知结构的完整体系基本形成，抽象逻辑思维占据优势地位；情绪不稳定，情感内隐，易感到孤独；重视同性和异性的友谊，并可能萌发爱慕感情；自制力和意志力增强但仍不成熟；独立性强，有决断力；观察力、联想能力迅速发展。

2. 家庭教育指导内容要点

（1）引导儿童树立国家意识。指导家长引导儿童树立国家意识，增强儿童的公民意识和社会责任感，关注社会发展，将个人理想与国家需要相结合，认识国家前途、命运与个人价值实现的统一关系，学会将个人理想与国家的发展、现实的奋斗相结合。

（2）培养儿童法治观念。指导家长加强法律知识学习，正确理解自由、平等、公正、法治的内在含义及其要求，成为儿童尊法、学法、守法、用法的榜样；掌握家庭法治教育的内容和方法，引导儿童树立权利与义务相统一的观念，养成尊法守法的行为习惯，学会在法律和规则框架内实现个人的自由意志；与儿童建立民主、平等的关系，切实维护儿童权益。

（3）提高儿童交往合作能力。指导家长根据该年龄段儿童个性特点，引导儿童积极开展社交活动和正常的异性交往；以性道德、性责任、性健康、预防和拒绝不安全性行为为重点，开展性教育；对有恋爱行为的儿童，给予正确引导；鼓励儿童在集体生活中锻炼自己，学会与人相处，体验与人合作的快乐；帮助儿童学会宽容待人，正确对待友谊；了解校园欺凌行为的性质、特点及家校合作的基本处理方法。

（4）培养儿童的责任意识。指导家长通过召开家庭会议等形式，与儿童平等、开放地讨论家庭事务，共同分担家庭的责任和义务，培养儿童的家庭责任感；引导儿童树立社会责任感，正确处理个人与自我、与他人、与社会的关系，勇于承担责任。

（5）加强儿童美育。指导家长培养儿童正确的审美观，具有发现美、欣赏美、表现美的能力；让儿童接触、欣赏自然美，培养热爱自然环境、热爱祖国美好河山的情感；欣赏文学和艺术，发展想象和表现美的能力；明确内在美与外在美的关系，理解劳动能创造美；加强自身修养，践行文明礼仪；增强对个性美的感受，提高自我评价能力，形成文明健康的生活方式。

（6）指导儿童以平常心对待升学。指导家长在迎考期间保持正常、有序的家庭生活，科学、合理安排生活作息，保证儿童劳逸结合，身心愉快；保持适度期待，鼓励儿童树立自信心，以平常心面对考试；为儿童选择志愿提供参考意见，并尊重儿童对自身的未来规划与发展意愿。

（七）特殊家庭、特殊儿童的家庭教育指导

帮助家长了解国家对特殊儿童及相应家庭的支持政策，引导家长接受儿童的身心状况及家庭现状，调整心态，合理期望；学会获取社会公共服务。

1. 特殊家庭的家庭教育指导

（1）离异和重组家庭的家庭教育指导。引导家长正确认识和处理婚姻存续与教养职责之间的关系，对儿童的教养责任不因夫妻离异而撤销，父母不能以离异为理由拒绝履行家庭教育的职责。指导家长学会调节和控制情绪，不在儿童面前流露对离异配偶的不满，避免将自身婚姻失败与情感压力迁怒于儿童；不简单粗暴或者无原则地迁就、溺爱儿童；强化非监护方的父母角色与责任，增强履职意识与能力，定期让非监护方与儿童见面，强化儿童心目中父（母）亲的形象和情感；调动亲戚、朋友中的性别资源给儿童适当的影响，帮助其性别角色充分发展。指导重组家庭的夫妇多关心、帮助和亲近儿童，减轻儿童的心理压力，帮助儿童正视现实；对双方子女一视同仁；加强家庭成员间的沟通，创设平和、融洽的家庭氛围。

（2）农村留守儿童的家庭教育指导。指导农村留守儿童家长增强父母是家庭教育和儿童监护责任主体的意识，依法依规履行家长义务，承担起对农村留守儿童监护和抚养教育的责任，确保农村留守儿童得到妥善监护照料、亲情关爱和家庭温暖。让家长了解陪伴对于儿童成长的价值，劝导家长尽量有一方在家照顾儿童，有条件的家长尤其是0—3岁儿童母亲要把儿童带在身边，尽可能保证儿童早期身心呵护、母乳喂养的正常进行。指导农村留守儿童家长或被委托监护人重视儿童教育，多与儿童交流沟通，对儿童的道德发展和精神需求给予充分关注。

（3）流动人口家庭的家庭教育指导。鼓励家长勇敢面对陌生环境和生活困难，为儿童创造良好的生活环境；处理好家庭成员之间的关系，为儿童创设宽松的心理环境；多与儿童交流，帮助儿童适应新的环境，了解儿童对于新环境的适应情况；与学校加强联系，共同为儿童创造良好的学习环境。

（4）服刑人员家庭的家庭教育指导。指导监护人多关爱儿童；善于发现儿童的优点，用教育力量和爱心培养儿童的自尊心；信任儿童，并引导儿童调整心态，保证心理健康；定期带儿童探望父（母），满足儿童思念之情；与学校积极联系，共同为儿童成长创造良好环境。

2. 特殊儿童的家庭教育指导

（1）智力障碍儿童的家庭教育指导。指导家长树立医教结合的观念，引导儿童听从医生指导，拟定个别化医疗和教育训练计划；通过积极的早期干预措施改善障碍状况，并培养儿童社会适应能力；引导家长坚定信心、以身作则，重视儿童的日常生活规范训练，并循序渐进、持之以恒。

（2）听力障碍儿童的家庭教育指导。指导家长积极寻求早期干预，主动参与儿童语训，在专业人士协助下制定培养方案，充分利用游戏的价值，重视同伴交往的作用，发展儿童听力技能和语言交往技能，不断改善儿童社会交往环境，逐步提高儿童的社会适应能力；加强对儿童的认知训练、理解力训练、运动训练和情绪训练。

（3）视觉障碍儿童的家庭教育指导。指导家长及早干预，根据不同残障程度发展儿童的听觉和触觉，以耳代目、以手代目，提升缺陷补偿。对于低视力儿童，指导家长鼓励儿童运用余视力学习和活动，提高有效视觉功能。对于全盲儿童，指导家长训练其定向行走能力，增加其与外界接触机会，增强其交往能力。

（4）肢体残障儿童的家庭教育指导。指导家长早期积极借助医学技术加强干预和矫正，使其降低残障程度，提高活动机能；营造良好家庭氛围，用乐观向上的心态感染儿童；鼓励儿童正视现实、积极面对困难；教育儿童通过自己的努力，积极寻求解决问题的方法，以获取信心。

（5）精神心理障碍儿童的家庭教育指导。引导家长营造良好家庭氛围，给予儿童足够的关爱；加强与儿童的沟通与交流，避免儿童遭受不良生活的刺激；支持、尊重和鼓励儿童，多向儿童表达积极情感；多给儿童创造与伙伴交往的机会，培养儿童集体意识，减少其心理不良因素；积极寻求专业帮助，通过早期干预改善疾病状况，提升儿童社会适应能力和生活自理能力，促进疾病康复。

（6）智优儿童的家庭教育指导。引导家长深入了解儿童的潜力与才能，正确、全面地评估儿童；从儿童的性格、气质、兴趣、能力、外部条件等实际出发，因材施教，循序渐进地开发儿童智力，发展儿童特长；坚持德智体美劳全面发展，提高儿童的综合素质；正确对待儿童的荣誉，引导儿童正确认识自己和他人，鼓励儿童在人群中平等交流与生活。

五、保障措施

1. 加强组织领导。各地各相关部门要高度重视，加强对《大纲》实施工作的领导，在组织开展社会宣传、理论研究、教材开发、骨干培训、工作督导评估时，都要以《大纲》为依据和框架。同时要引导和帮助家庭教育指导机构和指导者根据《大纲》要求开展家庭教育指导工作。

2. 明确职责分工。各地各相关部门要结合地方实际和部门职能，统筹制定实施计划，指导所属家庭教育指导机构按照《大纲》内容开展家庭教育支持服务工作。

3. 注重资源整合。各地各相关部门要加大家庭教育指导工作经费的投入，争取将家庭教育指导纳入地方财政预算或相关民生工程。要统筹各方面力量，完善共建机制，形成政府、学校、家庭、社会密切配合的家庭教育社会支持网络。

4. 加强理论研究。各地各相关部门要指导推动各级各类家庭教育研究会（学会）以及高校、科研机构加强家庭教育理论研究，在《大纲》框架下，组织研发指导教材等服务产品、制定监测评估标准等，推动加快家庭教育学科建设，努力构建家庭教育理论和学科体系。

5. 抓好队伍建设。各地各相关部门要按照《大纲》要求，对家庭教育指导者、家庭教育工作骨干、中小学幼儿园教师、托育服务机构工作人员等加强系统化的专业知识培训，提升家庭教育指导服务队伍的专业化水平，形成专兼结合、具备指导能力的家庭教育指导工作队伍。

6. 培育社会组织。各地各相关部门要加强家庭教育指导的专业社会组织的培育与孵化。以项目制的方式开展培训与资源整合，鼓励社会组织进驻社区开展家庭教育指导，让家长享受到家门口的专业家庭教育指导与咨询。

7. 扩大社会宣传。各地各相关部门要通过多种渠道，大力宣传《大纲》主要内容和实践要求，使正确的家庭教育理念和科学的家庭教育知识深入人心，为家庭教育工作开展营造良好的社会氛围。

附录3

教育部关于加强家庭教育工作的指导意见

教基一〔2015〕10号

各省、自治区、直辖市教育厅（教委），新疆生产建设兵团教育局：

为深入贯彻党的十八大和十八届三中、四中全会精神以及习近平总书记系列重要讲话精神，落实教育规划纲要，积极发挥家庭教育在少年儿童成长过程中的重要作用，促进学生健康成长和全面发展，现就加强家庭教育工作提出如下指导意见。

一、充分认识加强家庭教育工作的重要意义

家庭是社会的基本细胞。注重家庭、注重家教、注重家风，对于国家发展、民族进步、社会和谐具有十分重要的意义。家庭是孩子的第一个课堂，父母是孩子的第一任老师。家庭教育工作开展的如何，关系到孩子的终身发展，关系到千家万户的切身利益，关系到国家和民族的未来。近年来，经过各地不断努力探索，家庭教育工作取得了积极进展，但还存在认识不到位、教育水平不高、相关资源缺乏等问题，导致一些家庭出现了重智轻德、重知轻能、过分宠爱、过高要求等现象，影响了孩子的健康成长和全面发展。当前，我国正处在全面建成小康社会的关键阶段，提升家长素质，提高育人水平，家庭教育工作承担着重要的责任和使命。各地教育部门和中小学幼儿园要从落实中央“四个全面”战略布局的高度，不断加强家庭教育工作，进一步明确家长在家庭教育中的主体责任，充分发挥学校在家庭教育中的重要作用，加快形成家庭教育社会支持网络，推动家庭、学校、社会密切配合，共同培养德智体美劳全面发展的社会主义建设者和接班人。

二、进一步明确家长在家庭教育中的主体责任

1. 依法履行家庭教育职责。教育孩子是父母或者其他监护人的法定职责。广大家长要及时了解掌握孩子不同年龄段的表现和成长特点，真正做到因材施教，不断提高家庭教育的针对性；要始终坚持儿童为本，尊重孩子的合理需要和个性，创设适合孩子成长的必要条件和生活情境，努力把握家庭教育的规律性；要提升自身素质和能力，积极发挥榜样作用，与学校、社会共同形成教育合力，避免缺教少护、教而不当，切实增强家庭教育的有效性。

2. 严格遵循孩子成长规律。学龄前儿童家长要为孩子提供健康、丰富的生活和活动环境，培养孩子健康体魄、良好生活习惯和品德行为，让他们在快乐的童年生活中获得有益于身心发展的经验。小学生家长要督促孩子坚持体育锻炼，增长自我保护知识和基本自救技能，鼓励参与劳动，养成良好生活自理习惯和学习习惯，引导孩子学会感恩父母、诚实为人、诚实做事。中学生家长要对孩子开展性别教育、媒介素养教育，培养孩子积极学业态度，与学校配合减轻孩子过重学业负担，指导孩子学会自主选择。切实消除学校减负、家长增负，不问兴趣、盲目报班，不做“虎妈”“狼爸”。

3. 不断提升家庭教育水平。广大家长要全面学习家庭教育知识，系统掌握家庭教育科学理念和方法，增强家庭教育本领，用正确思想、正确方法、正确行动教育引导孩子；不断更新家庭教育观念，坚持立德树人导向，以端正的育儿观、成才观、成人观引导孩子逐渐形成正确的世界观、人生观、价值观；不断提高自身素质，重视以身作则和言传身教，要时时处处给孩子做榜样，以自身健康的思想、良好的品行影响和帮助孩子养成好思想、好品格、好习惯；努力拓展家庭教育空间，不断创造家庭教育机会，积极主动与学校沟通孩子情况，支持孩子参加适合的社会实践，推动家庭教育和学校教育、社会教育有机融合。

三、充分发挥学校在家庭教育中的重要作用

1. 强化学校家庭教育工作指导。各地教育部门要切实加强对行政区域内中小学幼儿园家庭教育工作的指导，推动形成政府主导、部门协作、家长参与、学校组织、社会支持的家庭教育工作格局。中小学幼儿园要建立健全家庭教育工作机制，统筹家长委员会、家长学校、家长会、家访、家长开放日、家长接待日等各种家校沟通渠道，逐步建成以分管德育工作的校长、幼儿园园长、中小学德育主任、年级长、班主任、德育课老师为主体，专家学者和优秀家长共同参与，专兼职相结合的家庭教育骨干力量。将家庭教育工作纳入教育行政干部和中小学校长培训内容，将学校安排的家庭教育指导服务计入工作量。

2. 丰富学校指导服务内容。各地教育部门和中小学幼儿园要坚持立德树人根本任务，将社会主义核心价值观融入家庭教育工作实践，将中华民族优秀传统家庭美德发扬光大。要举办家长培训讲座和咨询服务，开展先进教育理念和科学育人知识指导；举办经验交流会，通过优秀家长现身说法、案例教学发挥优秀家庭示范带动作用。组织社会实践活动，定期开展家长和学生共同参与的参观体验、专题调查、研学旅行、红色旅游、志愿服务和社会公益活动。以重大纪念日、民族传统节日为契机，通过丰富多彩、生动活泼的文艺、体育等活动增进亲子沟通和交流。及时了解、沟通和反馈学生思想状况和行为表现，营造良好家校关系和共同育人氛围。

3. 发挥好家长委员会作用。各地教育部门要采取有效措施加快推进中小学幼儿园普遍建立家长委员会，推动建立年级、班级家长委员会。中小学幼儿园要将家长委员会纳入学校日常管理，制订家长委员会章程，将家庭教育指导服务作为重要任务。家长委员会要邀请有关专家、学校校长和相关教师、优秀父母组成家庭教育讲师团，面向广大家长定期宣传党的教育方针、相关法律法规和政策，传播科学的家庭教育理念、知识和方法，组织开展形式多样的家庭教育指导服务和实践活动。

4. 共同办好家长学校。各地教育部门和中小学幼儿园要配合妇联、关工委等相关组织，在队伍、场所、教学计划、活动开展等方面给予协助，共同办好家长学校。中小学幼儿园要把家长学校纳入学校工作的总体部署，帮助和支持家长学校组织专家团队，聘请专业人士和志愿者，设计较为具体的家庭教育纲目和课程，开发家庭教育教材和活动指导手册。中小学家长学校每学期至少组织1次家庭教育指导和1次家庭教育实践活动。幼儿园家长学校每学期至少组织1次家庭教育指导和2次亲子实践活动。

四、加快形成家庭教育社会支持网络

1. 构建家庭教育社区支持体系。各地教育部门和中小学幼儿园要与相关部门密切配合，推动建立街道、社区（村）家庭教育指导机构，利用节假日和业余时间开展工作，每年至少组织2次家庭教育指导和2次家庭教育实践活动，将街道、社区（村）家庭教育指导服务纳入社区教育体系。有条件的中小学幼儿园可以派教师到街道、社区（村）挂职，为家长提供公益性家庭教育指导服务。

2. 统筹协调各类社会资源单位。各地教育部门和中小学幼儿园要积极引导多元社会主体参与家庭教育指导服务，利用各类社会资源单位开展家庭教育指导和实践活动，扩大活动覆盖面，推动有条件的地方由政府购买公益岗位。依托青少年宫、乡村少年宫、儿童活动中心等公共服务阵地，为城乡不同年龄段孩子及其家庭提供家庭教育指导服务。鼓励和支持有条件的机关、社会团体、企事业单位为家长提供及时便利的公益性家庭教育指导服务。

3. 给予困境儿童更多关爱帮扶。各地教育部门和中小学幼儿园要指导、支持、监督家庭切实履行家庭教育职责。要特别关心流动儿童、留守儿童、残疾儿童和贫困儿童，鼓励和支持各类社会组织发挥自身优势，以城乡儿童活动场所为载体，广泛开展适合困境儿童特点和需求的家庭教育指导服务和关爱帮扶。倡导企业履行社会责任，支持志愿者开展志愿服务，引导社会各界共同参与，逐步培育形成家庭教育社会支持体系。

五、完善家庭教育工作保障措施

1. 加强组织领导。各地教育部门要在当地党委、政府的统一领导下，把家庭教育工作列入重要议事日程，建立家庭教育工作协调领导机制，制订实施办法。积极争取政府统筹安排相关经费，中小学幼儿园要为家庭教育工作提供必要的经费保障。把家庭教育工作作为中小学幼儿园综合督导评估的重要内容，开展督导工作。中小学幼儿园要结合实际制定推进家庭教育工作的具体方案，做到责任到人，措施到生。

2. 加强科学研究。各地教育部门要坚持问题导向，通过设立一批家庭教育研究课题，形成一批高质量家庭教育研究成果。依托有相关基础的高等学校或其他机构推动成立家庭教育研究基地，发挥各级教育学会家庭教育专业委员会和家庭教育学会（研究会）等社会组织、学术团体的作用，重视家庭教育理论研究和家庭教育学科建设，探索建立具有中国特色的家庭教育理论体系。

3. 加强宣传引导。各地教育部门要开展家庭教育工作实验区和示范校创建工作，充分培育、挖掘和提炼先进典型经验，以点带面，整体推进。教育部将遴选确定部分地区为全国家庭教育实验区，部分学校为全国家庭教育示范校。各地教育部门和中小学幼儿园要树立先进家庭典型，宣传优秀家庭教育案例，引导全社会重视和支持家庭教育工作，为家庭教育工作营造良好的社会环境和舆论氛围。

教育部

2015年10月11日

后记

为贯彻落实习近平总书记关于家庭教育工作的重要指示，按照全国教育大会的重要部署，教育部将“家校协同育人”攻坚行动列入2019年“奋进之笔”攻坚计划，组织编写《家庭教育指导手册》是其中一项重要工作。教育部党组书记、部长陈宝生非常关心手册的编写工作，并提出了明确要求；教育部党组成员、副部长郑富芝对手册编写工作进行了直接指导；教育部基础教育司负责统筹组织工作，司长吕玉刚对手册的基本定位、整体构想、撰写框架等提出了具体意见，副司长俞伟跃、陈东升主持编写工作并审定全书，德育处处长荣雷参与了书稿的组织、编写和审改工作。

中国教育学会专门成立工作组，会长朱之文直接领导，秘书长杨银付、副秘书长张东燕统筹推动《家庭教育指导手册》的编写工作。中国教育学会常务理事、中国儿童中心党委书记丛中笑牵头组织《家庭教育指导手册　家长卷》具体编写工作，中国儿童中心苑立新多次参与指导编写工作，霍雨佳、马学阳负责编写专家的组织和书稿审阅工作。各专题主笔人员为：首都师范大学钟晓琳（专题一），北京师范大学边玉芳（专题二），北京师范大学蔺秀云（专题三），北京第一六一中学分校张妮（专题四），广州市少年宫张海波（专题五），中国教育科学研究院单志艳（专题六），北京汇文中学胡迟、岳丽、果静雅（专题七），青豆书坊苏元（专题八）。参加书稿撰写的专家还有：上海市教育委员会教学研究室贺明菊，清华大学刘建国，首都师范大学胡谱忠，中国儿童中心霍雨佳、马学阳、任金涛、肖凤秋、谢娟、王润洁、王萍、崔岳、邱天敏、霍亮等。参与审定的专家有：中国儿童中心丛中笑、中国教育学会家庭教育专业委员会孙云晓、中国人民公安大学李玫瑾、北京师范大学赵忠心、东北师范大学赵刚、北京市正泽学校李烈、北京金融街润泽学校刘长铭。人民教育出版社对丛书的编辑出版工作高度重视，总编辑郭戈亲自指导，丛书责编刘立德、韩华球和各册责编认真负责，付出许多辛劳。谨在此一并致谢！

由于受篇幅限制，本书内容难以面面俱到，不妥之处恳请广大读者批评指正。

《家庭教育指导手册　家长卷》编写组

2020年10月